Strategische Unternehmenssteuerung im digitalen Zeitalter

Axel Steuernagel

Strategische Unternehmenssteuerung im digitalen Zeitalter

Theorien, Methoden und Anwendungsbeispiele

Axel Steuernagel
Hochschule für angewandtes Management
Ismaning, Deutschland

ISBN 978-3-658-18760-6   ISBN 978-3-658-18761-3   (eBook)
DOI 10.1007/978-3-658-18761-3

Die Deutsche Nationalbibliothek verzeichnet diese Publikation in der Deutschen Nationalbibliografie; detaillierte bibliografische Daten sind im Internet über http://dnb.d-nb.de abrufbar.

Springer Gabler
© Springer Fachmedien Wiesbaden GmbH 2017
Das Werk einschließlich aller seiner Teile ist urheberrechtlich geschützt. Jede Verwertung, die nicht ausdrücklich vom Urheberrechtsgesetz zugelassen ist, bedarf der vorherigen Zustimmung des Verlags. Das gilt insbesondere für Vervielfältigungen, Bearbeitungen, Übersetzungen, Mikroverfilmungen und die Einspeicherung und Verarbeitung in elektronischen Systemen.
Die Wiedergabe von Gebrauchsnamen, Handelsnamen, Warenbezeichnungen usw. in diesem Werk berechtigt auch ohne besondere Kennzeichnung nicht zu der Annahme, dass solche Namen im Sinne der Warenzeichen- und Markenschutz-Gesetzgebung als frei zu betrachten wären und daher von jedermann benutzt werden dürften.
Der Verlag, die Autoren und die Herausgeber gehen davon aus, dass die Angaben und Informationen in diesem Werk zum Zeitpunkt der Veröffentlichung vollständig und korrekt sind. Weder der Verlag noch die Autoren oder die Herausgeber übernehmen, ausdrücklich oder implizit, Gewähr für den Inhalt des Werkes, etwaige Fehler oder Äußerungen. Der Verlag bleibt im Hinblick auf geografische Zuordnungen und Gebietsbezeichnungen in veröffentlichten Karten und Institutionsadressen neutral.

Lektorat: Juliane Wagner

Gedruckt auf säurefreiem und chlorfrei gebleichtem Papier

Springer Gabler ist Teil von Springer Nature
Die eingetragene Gesellschaft ist Springer Fachmedien Wiesbaden GmbH
Die Anschrift der Gesellschaft ist: Abraham-Lincoln-Str. 46, 65189 Wiesbaden, Germany

Vorwort

Dieses Buch richtet sich einerseits an Studierende und Dozenten der Betriebswirtschaftslehre, andererseits an Manager und Unternehmer, die Antworten auf aktuelle strategische Fragen suchen. Eingeflossen sind dabei die Erkenntnisse aus der Arbeit als Dozent an der Hochschule für Angewandtes Management sowie 20 Jahre Berufserfahrung in der Strategieberatung McKinsey, dem Management von internationalen Unternehmen und dem Aufbau von digitalen Start-ups.

Es ist Anspruch des Autors, sich zunächst mit den betriebswirtschaftlichen, sozialwissenschaftlichen und philosophischen Grundlagen der strategischen Unternehmenssteuerung zu beschäftigen. Dazu werden im ersten Kapitel immer wieder Ansätze von bekannten Philosophen, Soziologen und „Klassikern" der deutschen und internationalen Betriebswirtschaftslehre vorgestellt. Dies dient einerseits dem fundierten Basisverständnis des Wesens der Unternehmenssteuerung. Andererseits folgt es der Überzeugung, dass die sozialwissenschaftliche, philosophische und betriebswirtschaftliche Allgemeinbildung eine gute Vorbereitung für spätere Managementaufgaben ist. Sie schult einerseits das Abstraktions- und Problemlösungsvermögen. Andererseits fördert sie eine gebildete Kommunikation im Unternehmensalltag.

Im zweiten und dritten Kapitel wird anhand von aktuellen Beispielen der Bezug zur heutigen Praxis hergestellt. Dies gilt für die Auswirkungen der Digitalisierung auf die Unternehmenssteuerung, aber auch für Megatrends wie neue Formen der Mobilität. Hierbei zeigte es sich, dass viele der klassischen Methoden der Strategielehre auch heute gut verwendet werden können, allerdings mit Bezug auf aktuelle Themen.

Mein persönlicher Dank gilt meinem Vater Dr. Wolfgang Steuernagel und meinem Freund Matthias Puschnig, die sich als exzellente Lektoren erwiesen haben.

München
Juli 2017

Axel Steuernagel

Inhaltsverzeichnis

Teil I Konzeptioneller und theoretischer Hintergrund

1 Begriffe und theoretische Ansätze zur Unternehmenssteuerung 3
   1.1   Grundbegriff der Unternehmenssteuerung. 3
   1.2   Kennzahlenorientierte Ansätze zur Unternehmenssteuerung 5
   1.3   Systemische Ansätze zur Unternehmenssteuerung 6
   1.4   Verstehende Ansätze zur Unternehmenssteuerung 8
   1.5   Schlussfolgerungen 8

2 Ziele der Unternehmenssteuerung 11
   2.1   Bedeutung von Zielen für eine erfolgreiche Unternehmenssteuerung. . . 11
   2.2   Arten von Zielen für die Unternehmenssteuerung. 12
   2.3   Priorisierung von Zielen und Zielsysteme 13
   2.4   Die Bedeutung der Lösung von Zielkonflikten 17
   2.5   Schlussfolgerungen 18

3 Abgrenzung operativer und strategischer Unternehmenssteuerung 21
   3.1   Operatives vs. strategisches Controlling 21
   3.2   Qualitative Formen der operativen Unternehmenssteuerung. 23

4 Entstehung und Entwicklung der Beschäftigung mit Strategien 25
   4.1   Die Entstehung des Strategiebegriffs in der Politischen Philosophie und der Militärtheorie: Sun Tzu, Machiavelli und Clausewitz 25
   4.2   Die Entwicklung der strategischen Unternehmenssteuerung. 27

5 Akteure und Institutionen der strategischen Unternehmenssteuerung. . . . 33

Teil II Methoden der strategischen Unternehmenssteuerung: von der strategischen Analyse zur Formulierung von Strategien

6 Begriffe, Zielsetzung und Inhalt 39

7 Visionen, Missionen und Leitbilder. 43

8	**Strategische Analysen des externen Umfeldes auf Mikroebene: die Branchenstrukturanalyse von Michael Porter**	47
	8.1 Definition einer Branche	48
	8.2 Rivalität unter den bestehenden Unternehmen	48
	8.3 Substitutionsprodukte	50
	8.4 Potenzielle neue Wettbewerber	52
	8.5 Verhandlungsstärke von Kunden	56
	8.6 Lieferantenmacht	59
9	**Makroanalysen des Unternehmensumfeldes: PEST-Analyse**	61
	9.1 Politische Faktoren („Political")	61
	9.2 Ökonomische Faktoren („Economical")	62
	9.3 Sozio-kulturelle Faktoren („Sociological")	63
	9.4 Technologie	66
	9.5 Grundsätzliche Beurteilung der PEST-Analyse	67
10	**Strategische Analysen von internen Faktoren**	69
	10.1 Der 7-S-Ansatz nach Peters/Watermann	70
	10.2 Analyse von Kernkompetenzen nach Hamel/Prahalad	71
	10.3 Stärken-Schwächen-Analysen	73
11	**Formulierung von Strategien für Geschäftsfelder**	77
	11.1 Integration von internen und externen Analysen in der SWOT-Matrix	77
	11.2 Generische Wettbewerbsstrategien	79
	11.3 Produkt-/Marktstrategien nach Ansoff	81
12	**Formulierung von Strategien auf Gruppenebene: Portfoliostrategien**	85

Teil III Umsetzung von Strategien in der operativen Unternehmenssteuerung

13	**Detaillierung von Geschäftsfeld- in Funktionalstrategien**	91
	13.1 Omnichannel-Vertriebsstrategien	92
	13.2 Digitale Marketingstrategien	93
	13.3 Kundenservice im digitalen Zeitalter zwischen CRM und CEM	95
	13.4 Forschung & Entwicklung (F&E)	96
14	**Implementierung von Strategien durch quantitative Kennzahlen**	99
15	**Organisatorische Verankerung der Strategieumsetzung**	103

Verzeichnis der zitierten Quellen ... 105

Abbildungsverzeichnis

Abb. 1.1	Geschichte der Systemtheorie	6
Abb. 2.1	Beispiel Zielpyramide Ergebnismaximierung	13
Abb. 2.2	Beispiel Zielpyramide Cash Flow Maximierung	14
Abb. 2.3	Beispiel Zielpyramide Shareholder Value Maximierung	16
Abb. 3.1	Typen der Unternehmenssteuerung	22
Abb. 4.1	Entwicklung der strategischen Unternehmenssteuerung	28
Abb. 5.1	Varianten der Akteure der strategischen Unternehmenssteuerung	34
Abb. 6.1	Ebenen der strategischen Steuerung	40
Abb. 6.2	Beispiele für strategische Geschäftseinheiten	40
Abb. 6.3	Allgemeiner Strategieprozess	41
Abb. 7.1	Unterschiede zwischen Missionen und Visionen	45
Abb. 8.1	Phasen der Substitution im Digitalisierungsprozess	51
Abb. 8.2	Typen neuer Wettbewerber	56
Abb. 9.1	Soziokulturelle Faktoren in der PEST-Analyse	63
Abb. 10.1	Das 7-S-Konzept	70
Abb. 10.2	Angewandtes 7-S-Konzept – Beispiel Konsumgüterunternehmen	71
Abb. 10.3	Beispiele für die Nutzung von Kernkompetenzen	72
Abb. 10.4	Methodik der Stärken-Schwächen-Analyse	73
Abb. 11.1	Überblick SWOT-Methodik	78
Abb. 11.2	Generische Wettbewerbsstrategien	80
Abb. 11.3	Ansoff-Matrix	82
Abb. 12.1	BCG-Matrix	86
Abb. 12.2	McKinsey/GE Matrix	86
Abb. 13.1	Drei Pfeiler des Onlinemarketings	93
Abb. 13.2	Veränderungen im F&E-Management durch die digitale Revolution	97
Abb. 15.1	Organisatorische Verankerung digitaler Transformationsprozesse	104

Teil I
Konzeptioneller und theoretischer Hintergrund

Begriffe und theoretische Ansätze zur Unternehmenssteuerung

1

In einer komplexen Wirtschaftswelt ist die Frage, wie Unternehmen gesteuert werden können, aktueller denn je. Bevor auf die konkreten Inhalte und Herausforderungen eingegangen wird, ist es wichtig, das Thema zu definieren. Was kann unter Unternehmenssteuerung verstanden werden? Wo kommt der Begriff eigentlich her? Welche Ansätze gibt es dazu?

1.1 Grundbegriff der Unternehmenssteuerung

Eine einheitliche Begriffsbestimmung für Unternehmenssteuerung ist in der betriebswirtschaftlichen Literatur nicht zu finden. Eines der Standardwerke zum Thema Controlling drückt dies sehr pointiert aus: „Die vielfältige und uneinheitliche Verwendung des Steuerungsbegriffs in der Betriebswirtschaftslehre [hat eine] lange Tradition" (Küpper 2013, S. 19). Somit machen wir uns auf den Weg, das Thema Steuerung für uns zu erschließen.

Um *Unternehmenssteuerung* richtig zu definieren, ist es erforderlich zu verstehen, woher der Begriff kommt und wie er im praktischen Alltagsgebrauch verwendet wird. Die dahinter stehende wissenschaftliche Denkrichtung ist in der Sprachphilosophie als *Philosophie der normalen Sprache* bekannt (vgl. Savigny 1969).

Steuerung kommt von dem Verb *steuern*. Historisch wurde dieser Begriff im Zusammenhang mit Pferdekutschen und Schiffen (z. B. Steuermann, Steuerbord) benutzt, später mit Flugzeugen. Es geht bei dieser ursprünglichen Begriffsdefinition darum, mit technischen Instrumenten ein Gefährt auf dem richtigen Kurs zu halten.

Im letzten Jahrhundert erfolgte die Übertragung des Begriffs *Steuerung* von einem technischen Gerät (Auto, Flugzeug) auf *komplexe Systeme*. Es wird von politischer Steuerung, volkswirtschaftlicher Steuerung und schließlich der Steuerung eines Unternehmens gesprochen. Dieser semantische Transfer impliziert, dass es sich hier um komplexe

Konstrukte handelt, zu deren Steuerung auch Instrumente oder Techniken verwendet werden müssen, also politische Institutionen, das wirtschaftspolitische Instrumentarium (z. B. die Fiskal- oder Geldpolitik) oder eben Instrumente der Unternehmenssteuerung. Der Begriff Unternehmenssteuerung wird somit in seinem Ursprung häufiger im Zusammenhang mit eher größeren oder komplexeren Unternehmen oder Gruppen verwendet, zu deren Steuerung Instrumente notwendig sind.

In diesem Buch wird jedoch die Ansicht vertreten, dass Unternehmenssteuerung ebenfalls für den Mittelstand elementar ist, da auch hier die Komplexität über die letzten Jahrzehnte deutlich angestiegen ist. Eine kleinere Werbeagentur sollte von seinem Eigentümer oder Geschäftsführer ebenso gesteuert werden wie ein Großkonzern. Natürlich bedarf es dazu unterschiedlicher Mittel und Techniken.

Wichtig ist es in diesem Zusammenhang, die Synonyme zum Begriff der Steuerung zu verstehen. Hierbei nennt der Duden Folgendes: *Beeinflussung, Führung, Leitung, Lenkung, Regulierung* (vgl. Duden 2016). Dies ist sicherlich auch für den Begriff der Unternehmenssteuerung in verschiedener Hinsicht interessant:

1. Dass die Begriffe Steuerung und Führung hier als Synonym verwendet werden, unterstreicht den Eindruck, dass eine klare Abgrenzung zwischen *Unternehmenssteuerung* und *Unternehmensführung* schwierig ist. Dieses Buch wird daher auch Literatur zur Unternehmensführung verwenden.
2. Die Breite des Spektrums der Synonyme – ausgehend von dem psychologischen Begriff *Beeinflussung* bis hin zum technischen Terminus *Regulierung* – zeigt auf, dass es sich bei Unternehmenssteuerung nicht nur um quantitativ-prozessuale (technische) Vorgänge, sondern auch um die qualitative Beeinflussung des Unternehmenserfolges handelt. Instrumente der Unternehmenssteuerung sind somit quantitativ und qualitativ.

Eine mögliche Begriffsbestimmung von Unternehmenssteuerung – aus dem Alltagsverständnis heraus – könnte somit wie folgt heißen:

▶ *Alle Aktivitäten, quantitativer und qualitativer, operativer und strategischer Art, durch die Unternehmen und deren Mitarbeiter ein System von Zielen (Kurs) erhalten, diesen regelmäßig auf den Prüfstand stellen (Kursüberprüfung bzw. -anpassung) und durch die sie auch zur kurz- und langfristigen Erreichung der Ziele beitragen („auf Kurs zu bleiben").*

Dieses Verständnis muss jedoch noch einmal anhand der gängigen Ansätze zur Unternehmenssteuerung überprüft werden. Dies wird in den nächsten Abschn. 1.2 bis 1.5) durchgeführt.

1.2 Kennzahlenorientierte Ansätze zur Unternehmenssteuerung

Eine gängige Interpretation der Unternehmenssteuerung ist der Fokus auf die Messung von *Kennzahlen* und den daraus abgeleiteten Maßnahmen. Dies soll als *kennzahlenorientierte Unternehmenssteuerung* bezeichnet werden (vgl. zum Beispiel Siegwart 2009 oder Klein 2014).

Das Gabler Wirtschaftslexikon definiert betriebswirtschaftliche Kennzahlen wie folgt:

> Zusammenfassung von quantitativen, d. h. in Zahlen ausdrückbaren Informationen für den innerbetrieblichen (betriebsindividuelle Kennzahlen) und zwischenbetrieblichen (Branchen-Kennzahlen) Vergleich....Kennzahlen dienen der Entscheidungsunterstützung, Steuerung und Kontrolle von Maßnahmen (Gabler 2016).

Bei der Erfassung und Nutzung von Kennzahlen spielt in modernen Unternehmen der *Chief Financial Officer (CFO)* oder der *Kaufmännische Geschäftsführer/Finanzvorstand* die entscheidende Rolle. Mit der zunehmenden Bedeutung von Kennzahlen hat sich dessen Rolle auch verändert. Er hat sich in vielen Unternehmen zu dem wichtigsten Counterpart des Chief Executive Officers (CEO), Vorsitzenden der Geschäftsführung oder Vorstandvorsitzenden bei steuernden und strategischen Aufgaben entwickelt. Grund dafür sind eine erhöhte Komplexität der Märkte und die wachsenden Anforderungen von Kapitalmarkt und Investoren an das quantitative Berichtswesen in Unternehmen. Das Beispiel von Joe Kaeser, dem CEO und ehemaligen CFO von Siemens, zeigt, dass der Weg zum CEO auch zunehmend über die CFO-Position erfolgt (vgl. Rapp und Wullenkord 2014, S. 1 ff.).

Im Alltagssprachgebrauch werden die kennzahlenorientierten Ansätze der Unternehmenssteuerung mit *Controlling* gleich gesetzt. Laut Küpper (vgl. Küpper et al. 2013, S. 20) sind dabei jedoch zwei Dinge zu beachten:

- Diese Gleichsetzung gilt für die *Funktion,* nicht jedoch für die Abteilung *Controlling.* Zuerst ist Unternehmenssteuerung eine Aufgabe des Managements, also des Vorstands oder der Geschäftsführung. Die Abteilung Controlling hat dabei eine unterstützende Funktion. Sie liefert dem Management die notwendigen Zahlen für die Steuerung des Unternehmens.
- Üblicherweise erfolgt Controlling vor allem im operativen bzw. taktischen Bereich. Es werden zwar im zunehmenden Maße auch strategische Entscheidungen quantifiziert, sodass sich auch das Konzept des strategischen Controllings immer mehr durchsetzt. Der stärkere operative Fokus bleibt jedoch trotzdem erhalten.

Der Einfachheit halber wird im Folgenden Controlling mit dem quantitativen, kennzahlenorientierten Teil der Unternehmenssteuerung gleichgesetzt, sowohl operativ als auch strategisch, obwohl in der Praxis in der Tat der stärkere Fokus auf dem operativen Controlling liegt. Strategische Unternehmenssteuerung geht jedoch aufgrund ihrer

Langfristigkeit und dem damit verbundenen Denken in Erfolgspotenzialen weit über quantifizierbare Sachverhalte hinaus.

1.3 Systemische Ansätze zur Unternehmenssteuerung

Systemische Ansätze zur Unternehmenssteuerung versuchen, den bisher rein quantitativen Ansatz zu überwinden und vor allem qualitative Aspekte mit einzubeziehen. Wie bereits erklärt, liegen die Ursprünge des Begriffes der Unternehmenssteuerung in der *Steuerung von komplexen sozialen Systemen*. Dies können verschiedene Systeme sein: volkswirtschaftliche, politische, aber auch andere wie Vereine.

Eine intensivere Beschäftigung damit erfordert, dass die Betriebswirtschaftslehre zunächst verlassen wird und sich dieses Buch stattdessen mit den *soziologischen Systemtheorien und Theorien der Kybernetik* auseinandersetzt. Diese haben eine längere Geschichte, bei denen die betriebswirtschaftlichen Theorien eher am Ende zu verorten sind (siehe Abb. 1.1).

Die Systemtheorie wurde in den 30er Jahren des 20. Jahrhunderts von dem Biologen Ludwig von Bertalanffy (vgl. Bertalanffy 1950) ins Leben gerufen, der das natürliche Gleichgewicht von biologischen Systemen untersuchte. Eine Weiterentwicklung erfolgte durch die von Norbert Wiener (vgl. Wiener 1952) begründete *Kybernetik*, der Wissenschaft von der Steuerung von Maschinen und sozialen Systemen.

Die *neuen Systemtheorien* von Soziologen wie Niklas Luhmann (vgl. Luhmann 1984) oder Talcott Parsons (vgl. Parsons 1977) bauten darauf auf und hatten gerade in den 1990er Jahren Einfluss auf die Organisationslehre und die Lehre der Unternehmenssteuerung (vgl. Vahs 2015, S. 37 ff.; Kirsch 1992; Bühring-Uhle 1995).

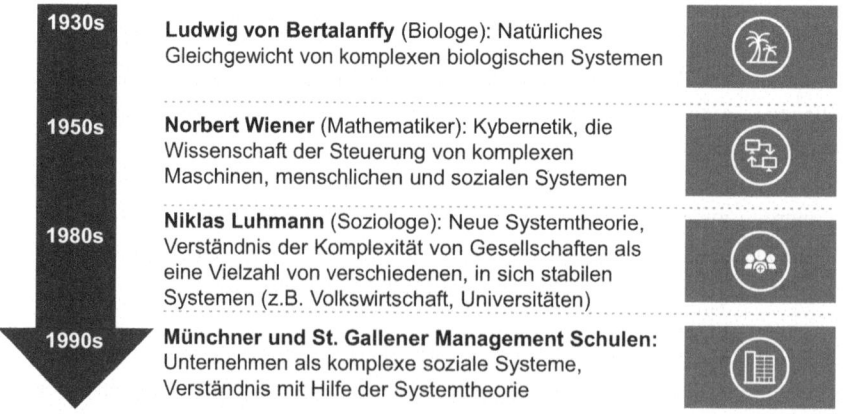

Abb. 1.1 Geschichte der Systemtheorie

1.3 Systemische Ansätze zur Unternehmenssteuerung

Die Ansätze der neuen Systemtheorie und auch die der Kybernetik sind explizit *ganzheitlich und interdisziplinär.* Es werden *biologische, technische, soziologische und psychologische* Erkenntnisse verwendet. Zugleich gilt die Annahme, dass Systeme Umwelteinflüssen gegenüber offen sind. Soziale Interaktionen werden somit innerhalb eines Systems und in ihrem Zusammenspiel mit der Umwelt untersucht.

Managementtheoretiker, die sich auf die soziologische Systemtheorie von beispielsweise Niklas Luhmann beziehen, zeichnen sich durch folgende Grundannahmen aus (vgl. Vahs 2015, S. 38 f.; Ringlstetter 1988; Bühring-Uhle 1995, S. 23):

- Unternehmen werden als lernfähig und evolutionär betrachtet.
- Sie sind (selbst-)lernende Systeme, d. h. erfahrene Mitarbeiter steuern sich zum Teil auch selbst.
- Der Fokus der Unternehmenssteuerung liegt nicht auf Kennzahlen, sondern auf der Kenntnis interner und externer sozialer Abläufe und der richtigen Kommunikation zwischen den Betroffenen (Stakeholdern).

Die praktischen Konsequenzen daraus zeigt die systemisch geprägten Managementliteratur auf (vgl. Günzl und Mallmann 2013, S. 45 ff.):

1. *Verzicht auf Mikromanagement:* Das Management sollte für diese selbstregulierenden Systeme zwar den Ordnungsrahmen setzen, Anreize bieten und wichtige strategische Entscheidungen treffen, jedoch nicht in das System und in jeden einzelnen Prozess eingreifen.
2. *Flache Hierarchien und neue Organisationsformen:* Gerade jüngere Mitarbeiter sind veränderungsbereiter und möchten die Welt mitgestalten. Zugleich nehmen neue Organisationsformen wie Projektmanagement zu. Klassische Steuerungsansätze greifen nicht mehr. Partizipation und flache Hierarchien sind gefragt.
3. *Situatives Steuern:* Unternehmen als komplexe Systeme können nicht immer mit den gleichen Methoden und Kennzahlen gesteuert werden. Für einzelne Projekte braucht man individuelle Erfolgskennzahlen.
4. *Vermeidung von Übersteuerung:* Wenn Mitarbeiter die meiste Zeit in Meetings und mit Reporting verbringen, wird die Organisation ineffizient. Stattdessen ist Führungsstärke und Kreativität gefragt.

In den systemischen Ansätzen zur Unternehmenssteuerung stehen Controllingabteilung und Finanzvorstand nicht im Vordergrund. Sie wirken eher unterstützend für die ganzheitliche Führung eines Unternehmens, bei der ein CEO die Kernrolle spielen muss, gerade wenn es um Führungsstärke geht.

1.4 Verstehende Ansätze zur Unternehmenssteuerung

Die *Münchner Schule* der Managementtheorie ist hier noch einen Schritt weiter gegangen (vgl. Kirsch 1992). Die soziologischen Ansätze von Niklas Luhmann hat sie um den Ansatz von Jürgen Habermas' *Theorie des kommunikativen Handelns* erweitert (Habermas 1981). Unternehmen sind demnach nicht nur (selbstlernende) Systeme, sondern auch Lebenswelten. Unternehmenssteuerung kann nur erfolgen, wenn die spezifischen organisatorischen Regeln und Normen, die Unternehmenskultur und die in Unternehmen häufig sehr eigenen Sprachregelungen verstanden und berücksichtigt werden (vgl. Kirsch 1992, S. 63 ff.). Der interdisziplinäre Ansatz der systemtheoretischen Schule wird hier noch einmal erweitert um Konzepte der verstehenden Sozialwissenschaften in der Tradition von Max Weber (vgl. Weber 1972).

Sicherlich ist auch diese Perspektive interessant. Gerade in der heutigen Zeit hat Unternehmenssteuerung viel mit der Steuerung des digitalen Wandels in Unternehmen zu tun. Für diesen sind das Verständnis von potenziellen organisatorischen Widerständen und den dahinter stehenden Motiven, Kulturen und Normen elementar. Der Klassiker der *Münchner Schule*, das Werk *Das Management des geplanten Wandels von Organisationen* (Esser et al. 1979), ist somit sehr aktuell.

1.5 Schlussfolgerungen

Im Hinblick auf die verschiedenen Ansätze zur Unternehmenssteuerung sind aus unserer Sicht folgende Bemerkungen relevant:

- *Quantitatives und qualitatives Wesen der Unternehmenssteuerung:* Unternehmenssteuerung ist ein Überbegriff. Für diesen sind Controlling und somit kennzahlenorientierte Ansätze zur Unternehmenssteuerung wichtige Elemente, aber eben nicht mehr. Unternehmen sind komplexe soziale Systeme, zu deren Steuerung Kennzahlen allein nicht reichen. Die Steuerung und Verbesserung von Prozessen, Motivationen und Kulturen spielen eine ähnlich wichtige Rolle. Unternehmenssteuerung hat sowohl quantitative als auch qualitative Elemente.
- *Vielfalt der Akteure in der Unternehmenssteuerung:* Der CFO spielt eine elementare Rolle bei der Unternehmenssteuerung. Aber er deckt nur einen Teilbereich ab, die quantitative Seite. Daher liegen häufig Controllingaufgaben nicht bei ihm, sondern in den Fachbereichen (z. B. Marketingcontrolling) und deren Verantwortlichen (z. B. Chief Marketing Officer). Letztlich liegt somit die oberste Verantwortung für die Unternehmenssteuerung in den Händen des CEOs. Aber zugleich haben die Systemtheoretiker sicherlich in einem Recht: Unternehmen sind selbstlernende Systeme. Der notwendige Wandel wird entscheidend von Führungskräften und Leistungsträgern aller Ebenen getragen und beeinflusst. Unternehmenssteuerung erfolgt somit nicht nur *top-down,* sondern auch *bottom-up.*

1.5 Schlussfolgerungen

- *Wissenschaftliche Methodik in der Lehre der Unternehmenssteuerung:* Zum Verständnis der Komplexität der Unternehmenssteuerung reichen traditionelle betriebswirtschaftliche Methoden nicht aus. Vielmehr sollte die Breite der sozialwissenschaftlichen Disziplinen, also z. B. Psychologie und Soziologie, einbezogen werden. Interdisziplinäre Ansätze sind erforderlich. Systemische und verstehende Konzepte in der modernen Managementforschung gehen hier den richtigen Weg und sollten immer wieder betrachtet werden.

Zusammenfassend wird hier die Auffassung vertreten, dass die Vielfalt der Ansätze in eine holistische Theorie der Unternehmenssteuerung integriert werden sollte. Nur so können alle Aspekte erfasst werden, um ein Unternehmen kompetent zu steuern. Unsere Wirtschaftswelt ist sehr komplex. Nur die Bejahung dieser Tatsache ermöglicht es, in ihr erfolgreich zu sein.

Allerdings kann dies Nachteile haben. In einigen Fällen ist es sinnvoll, die Komplexität bewusst zu reduzieren. Aber auch dafür bietet unserer *holistischer* Ansatz Vorteile. Er bietet einen *Werkzeugkasten* (Toolbox) von Optionen, ein Problem zu analysieren und dann zu lösen. Ein holistischer Ansatz erfordert nicht unbedingt, immer zugleich aus verschiedenen Perspektiven zu denken. Er bietet dem smarten Leser einfach nur mehr Möglichkeiten.

Ziele der Unternehmenssteuerung 2

2.1 Bedeutung von Zielen für eine erfolgreiche Unternehmenssteuerung

Die Bedeutung von Zielen für das menschliche Handeln ist viel untersucht worden. Schon die alten griechischen Denker gingen von dem „telos" (Ziel) als wichtigstem Antrieb für menschliches Handeln aus, so der Einleitungssatz von Aristoteles in seiner Nikomachischen Ethik:

> Jedes praktische Können und jede wissenschaftliche Untersuchung, ebenso alles Handeln und Wählen strebt nach einem Gut, wie allgemein angenommen wird. Daher die richtige Bestimmung von Gut als das Ziel, zu dem alles strebt (Aristoteles 1969, S. 1094a1 ff.).

Das zielorientierte oder (nach dem altgriechischen Begriff so benannte) *teleologische Handeln* hat sich als Basis der philosophischen Handlungstheorie durchgesetzt. Es bildet zugleich die Grundlage der ökonomischen und somit auch der betriebswirtschaftlichen Theorien (vgl. Habermas 1981, S. 126 f.).

Sicherlich ist diese Zielorientierung Teil des Erfolges von Unternehmen und unseres Wirtschaftssystems im Allgemeinen. Dies hat bereits 1904 Max Weber in *Die protestantische Ethik und der Geist des Kapitalismus* (Weber 2013) festgestellt.

Aber auch in der Praxis wird dies immer wieder deutlich: ohne klare Ziele keine Motivation und keine Effizienz. Ein sehr praxisnahes Beispiel für die Auffassung in der deutschen Managementliteratur zur Bedeutung von Zielen bietet das Standardwerk von Coenenberg et al. zur *Wertorientierten Unternehmensführung:*

> Wertorientierte Unternehmensführung beginnt mit der Festlegung einer spezifischen und zugleich anspruchsvollen Zielsetzung für das Unternehmen. Nur wenn das Ziel klar vorgegeben ist, lässt sich auch der Weg dorthin sinnvoll beschreiben und planen. Und ein hohes

Anspruchsniveau ist nötig, um die besten Fähigkeiten und Kräfte eines Unternehmens zu mobilisieren. Ziele dienen als Orientierung und Ansporn – und je schwerer sie zu erreichen sind, umso enthusiastischer wird der Erfolg empfunden. Das gilt für die gesamte Unternehmensorganisation ebenso wie für jeden einzelnen Mitarbeiter (Coenenberg et al. 2015, S. 15).

Dies ist sicherlich richtig. Moderne Personalführung – gerade bei qualifizierten Mitarbeitern oder Managern – erfolgt über das Konzept des *Management by Objectives*. Zielvereinbarungen mit Mitarbeitern sind elementare Steuerungssysteme.

Aber Ziele sind auch elementar für eine effiziente Kontrolle des Erfolges verschiedener Aktivitäten. Nur wenn Ziele richtig definiert und gemessen werden, können die Situation des Unternehmens kompetent beurteilt und Maßnahmen abgeleitet werden.

2.2 Arten von Zielen für die Unternehmenssteuerung

Aber was sind diese Ziele? Hier bezieht sich dieses Buch auf das Werk eines der bekanntesten deutschen Betriebswirte, Edmund Heinen: *Das Zielsystem der Unternehmung: Grundlagen betriebswirtschaftlicher Entscheidungen* (Heinen 1966). Hiernach sind die wichtigsten Ziele in einem Unternehmen (vgl. Heinen 1966, S. 59 ff.): Gewinnstreben, Umsatzstreben, Wirtschaftlichkeitsstreben, Sicherung des Unternehmenspotenzials, Prestige- und Machtstreben sowie ethische Bestrebungen.

Die Tatsache, dass hier schon vor 50 Jahren erkannt wurde, dass das Gewinnstreben allein nicht die Entscheidungen in Unternehmen erklären kann, ist zweifelsohne sehr interessant und zeigt die Zeitlosigkeit dieser Einsicht. Lange galt die Maximierung des Gewinns als das wichtigste Ziel eines Unternehmens und damit der Unternehmenssteuerung.

In vielen Fällen ist dies jedoch nicht unbedingt in der Praxis gegeben, gerade in unserer heutigen digitalen Welt. Hierzu einige Denkanstöße:

- Einige der erfolgreichsten Unternehmen der Welt wie Google und Amazon wurden sehr lange nicht nach dem Gewinnmaximierungsprinzip gesteuert. Ein anderes Beispiel dafür ist Zalando. Das Umsatzwachstum und die Sicherung des langfristigen Unternehmenspotenzials standen und stehen hier im Vordergrund.
- Das gleiche gilt für die Venture Capital Branche, insbesondere im Silicon Valley. Die Entscheidung über ein Investment erfolgt logischerweise so gut wie nie aufgrund von aktuellen Unternehmensgewinnen, da diese zumeist nicht vorliegen. Umsatz und Wachstum sind die maßgeblichen Kriterien. Es treten Potenzialkriterien wie Anzahl der Kunden, Besucher der Internetpräsenz in den Vordergrund.
- Ethische und soziale Kriterien kommen mit den Trends der Ökologie und Fair Trade zum Tragen. Die Gewinnung von Talenten wird immer schwieriger, wenn ein Unternehmen nicht nach solchen Kriterien wirtschaftet. Die ethische Transparenz ist höher ausgeprägt, als dies vor 50 Jahren der Fall war, dank der Bedeutung von Social Media.

2.3 Priorisierung von Zielen und Zielsysteme

- Das Prestige- und Machtstreben von Vorständen oder Geschäftsführern ist ein zeitloses Kriterium, das in die tatsächliche Steuerung eines Unternehmens mit einfließt und bei vielen Unternehmen zu erheblichen Fehlentscheidungen führt. Gerade in Großunternehmen spielen solche Erwägungen eine wichtige Rolle.

In der Praxis zeigt sich, dass die Wahl der richtigen Ziele für ein Unternehmen sehr wichtig ist. Insbesondere empfiehlt es sich, nicht nur kurzfristige, sondern auch langfristige, strategische Ziele zu vereinbaren, die als zentrales Mittel zur Sicherung des langfristigen Unternehmenspotenzials verstanden werden. Auch ist eine Priorisierung von Zielen elementar für den Erfolg eines Unternehmens.

2.3 Priorisierung von Zielen und Zielsysteme

In der modernen Managementforschung werden vier verschiedene Ansätze diskutiert, um die Ziele eines Unternehmens zu priorisieren: Ergebnisoptimierung, Cash Flow Maximierung, Share Holder Value und Stake Holder Value. Bei diesen Ansätzen geht es letztlich darum, was das wichtigste Ziel für ein Unternehmen ist, dem andere Ziele untergeordnet werden müssen.

Ergebnismaximierung

Die Messung von Finanzkennzahlen aus der Gewinn- und Verlustrechnung ist die traditionellste Art, den Erfolg eines Unternehmens zu bestimmen. Hier ist das wichtigste Ziel die Ergebnismaximierung und wichtige Zwischenziele Umsatz und Kosten. Auf den Ebenen darunter kommen zum Beispiel Kundenziele oder verschiedene Kostenarten (siehe Abb. 2.1).

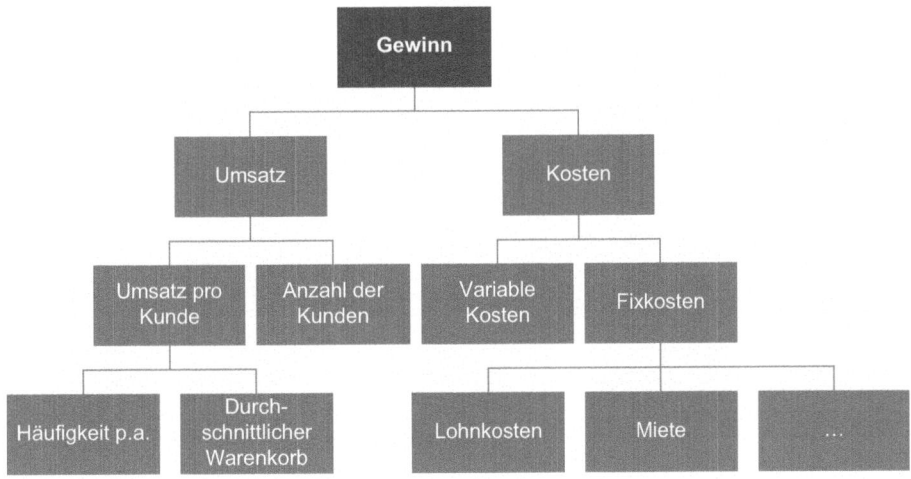

Abb. 2.1 Beispiel Zielpyramide Ergebnismaximierung

Diese Sichtweise basiert eher auf einer operativen als einer strategischen Perspektive. Das kurzfristige Überleben des Unternehmens steht im Vordergrund. Dieser Ansatz wird häufig in Deutschland in mittelgroßen Unternehmen etablierter Branchen angewendet. Vorteile liegen in der relativ einfachen Erfassung und den allgemeingültigen Begrifflichkeiten.

Es gibt jedoch auch viele Begrenzungen: In Unternehmen mit begrenzter Verfügbarkeit von Barmitteln (Cash) hilft es häufig nicht, wenn das Unternehmen Gewinne verzeichnet, die Kunden jedoch zu spät zahlen. Von vielen Wachstumsunternehmen wird am Anfang nicht erwartet, dass sie Gewinne erzielen. Bei traditionellen Familienunternehmen ist der Arbeitsplatzabbau mit einer Schädigung des persönlichen Rufes verbunden und es wird darauf zulasten der Ergebnisoptimierung verzichtet.

Cash Flow Maximierung

Hier wird Cash Flow (CF) zum wichtigsten Ziel. Zwischenziele sind operatives Ergebnis und CF-relevante Größen wie Umlauf- oder Anlagevermögen (siehe Abb. 2.2).

Genauso wie die Ergebnisoptimierung ist die CF-Maximierung eher ein kurzfristig orientiertes Ziel. Die Maximierung des CF als relevante Kennzahl ist bei kleineren Unternehmen zu finden, die ihr Wachstum aus eigenen Kapitalmitteln finanzieren müssen. Ein Kleinunternehmer denkt und steuert häufig mit Blick auf das Bankkonto.

Auch Unternehmen, die sich in finanziellen Schwierigkeiten bzw. Restrukturierungsprozessen befinden, werden häufig nach CF gesteuert. Da hier das Eigenkapital häufig aufgebraucht und eine Bankfinanzierung nicht mehr möglich ist, entscheidet dieser über das Überleben.

Zuletzt ist der Cash Flow eine wichtige Steuerungsgröße bei Beteiligungsgesellschaften (Private Equity), die sich am Eigenkapital eines Unternehmens beteiligen und dafür

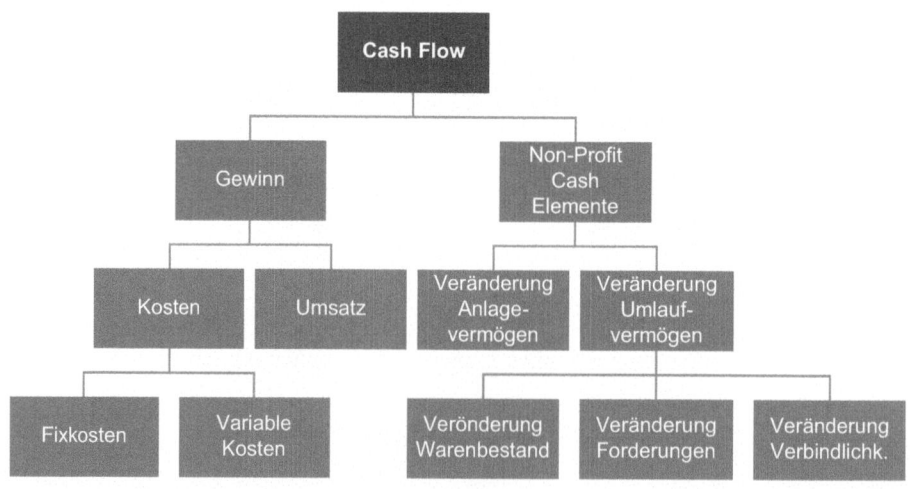

Abb. 2.2 Beispiel Zielpyramide Cash Flow Maximierung

die notwendigen finanziellen Mittel für Wachstum oder Restrukturierung zur Verfügung stellen (vgl. Asel 2009). Abhängig von der Phase und Situation des Portfoliounternehmens wird jedoch hier Share der Holder Value zum wichtigsten Ziel, gerade wenn ein Exit, also der Verkauf eines Unternehmens, bevorsteht.

Shareholder Value

Der Shareholder Value Ansatz geht davon aus, dass die Steigerung des Unternehmenswertes für die Eigentümer die wichtigste Erfolgsgröße ist (vgl. z. B. Coenenberg et al. 2015). Das ist explizit ein strategisches Ziel. Das langfristige Überleben des Unternehmens steht im Vordergrund. Der Shareholder Value kann aufgrund von Erfolgspotenzialen maximiert werden, selbst wenn der kurzfristige monetäre Erfolg noch nicht eingetreten ist (vgl. Baum et al. 2013, S. 9).

Ein typisches Beispiel für ein Erfolgspotenzial ist ein Kundenstamm, der voraussichtlich zu einem höheren Umsatz in der Zukunft führt. Ein anderes ist ein Patent oder eine technische Entwicklung, die kurz vor der Marktreife steht. Auch die Rekrutierung von Erfolg versprechenden Managern stellt ein Erfolgspotenzial dar. In jedem dieser Fälle steigt häufig der Aktienkurs, obwohl Umsatz und Ergebnis konstant bleiben.

Bei *börsennotierten Unternehmen* ist Shareholder Value sicherlich das wichtigste Ziel. Der Unternehmenswert ist durch den aktuellen Aktienkurs einfach zu messen. Im *außerbörslichen* Bereich ist die Messung des Shareholder Value schwieriger. Ein häufiger Ansatz ist das Discounted Cash Flow (DCF) Verfahren (vgl. Drukarczyk und Schüler 2011, S. 137 ff.), durch das der Cash Flow (CF) wieder zur wichtigsten Größe wird. Dies erfolgt allerdings auf die Zukunft bezogen. Über die erwarteten CFs der Folgejahre werden Erfolgspotenziale explizit mit einbezogen. Dies korrekt abzuschätzen, stellt die größte Schwierigkeit dieser Methode dar.

Bei durch Wagniskapital finanzierten *Wachstumsunternehmen* hat der aktuelle Cash Flow nur eine untergeordnete Bedeutung bei der Bewertung. Hier sind andere Faktoren und Verfahren wichtiger (vgl. Achleitner und Nathusius 2003; Franke 2004):

- qualitative Faktoren wie die Bewertung der Geschäftsidee oder das Gründerteam,
- marktorientierte Verfahren, orientiert an der Bewertung vergleichbarer Start-ups,
- die sogenannte Venture Capital Methode, ein quantitatives Verfahren, das sich auf die erwarteten Exit Erlöse bezieht.

Bei *Wachstumsunternehmen in der Phase nach der Etablierung im Markt* sind häufig die Umsatzentwicklung und andere umsatzrelevante Kennzahlen wie die Anzahl der Kunden und der Besucher auf der Internetseite relevante Kriterien für die Bewertung.

Bei Unternehmen des *traditionellen Mittelstandes* wird der wirkliche Unternehmenswert zumeist im Zuge eines Unternehmensverkaufs ermittelt. Da die Käufer im zunehmenden Maße Finanzinvestoren sind, spielt hier natürlich der aktuelle und der erwartete zukünftige Cash Flow eine relevante Rolle.

Hier kann ebenfalls eine Zielpyramide gezeichnet werden. Share Holder Value (Unternehmenswert) ist hier das wichtigste Ziel, das zum Beispiel aus einer Mischung aus dem aktuellen und zukünftig erwarteten Gewinnen besteht (siehe Abb. 2.3). Unterziele bei den zukünftigen Gewinnen sind vielfältig. Sie reichen von Marktanteilsgewinnen und Investitionen in Wachstumsmärkte bis hin zum Aufbau von Kundendatenbanken oder dem Erwerb bedeutender Patente.

Stakeholder Value
Dem Shareholder Value Ansatz wird ein anderer strategisch orientierter Ansatz entgegengesetzt: der Stakeholder Value Ansatz (vgl. Baden 2001). Damit sind letztlich alle von den Aktivitäten eines Unternehmens betroffenen Parteien gemeint: Kunden, Mitarbeiter, Lieferanten, aber auch die Gesellschaft im Allgemeinen. Das wichtigste Ziel ist hiernach die Maximierung des Nutzens für die Stakeholder.

Begrifflich unterscheidet sich dieser Ansatz also von dem Shareholder Value Ansatz, indem er nicht nur die Gesellschafter als Nutznießer des Wertzuwachses ansieht, sondern alle Betroffenen. Er steht damit den Konzepten zur Unternehmensethik nahe. Statt von einem *wertorientierten* Ansatz wie in der Shareholder Value Denkweise wird hier somit häufig von einem *werteorientierten* Ansatz gesprochen. Ansätze wie *Corporate Social Responsibility (CSR)* oder *Ökobilanzen* spielen hier mit hinein. Zugleich lässt sich feststellen, dass Stakeholder Value Ansätze häufig ihren Ausdruck in Unternehmensmissionen finden.

Die Bedeutung dieses Ansatzes spielt einerseits bei etablierten Familienunternehmen eine Rolle, bei denen materielle durch immaterielle Werte ergänzt werden, also aus

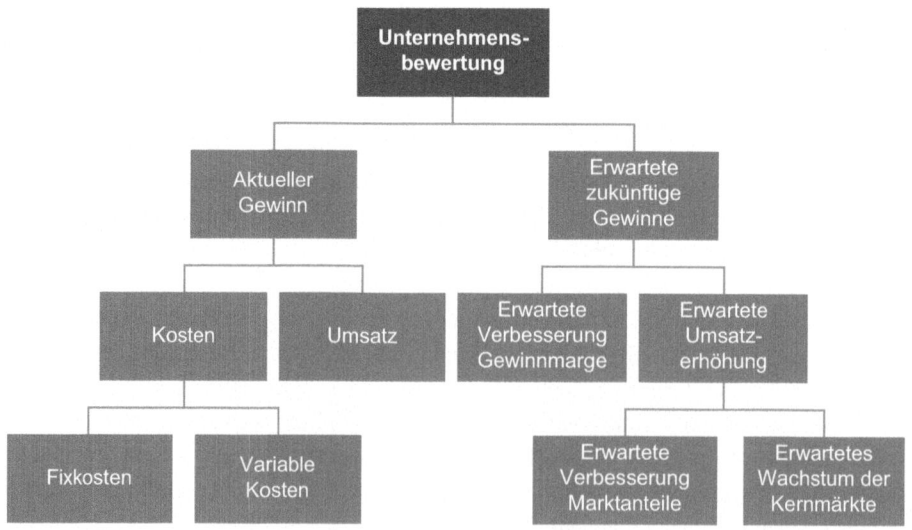

Abb. 2.3 Beispiel Zielpyramide Shareholder Value Maximierung

einer *intrinsischen* Motivation der Eigentümer heraus. Familienunternehmer wie Reinhard Mohn (Bertelsmann) oder Michael Otto (Otto Gruppe) tendieren dazu, die Verantwortung gegenüber Mitarbeitern, Umwelt und Gesellschaft in den Fokus ihres Handelns zu stellen. Andererseits sind *extrinsische* Faktoren hierbei von Bedeutung: In post-materialistischen Zielgruppen spielen Ökobewusstsein und das Bewusstsein der sozialen Verantwortung eine dominante Rolle bei der Kaufentscheidung.

Welcher dieser vier Ansätze zum Tragen kommt, hängt somit häufig von den Interessen und der Art des Eigentümers sowie zugleich von der Situation ab, in der sich das Unternehmen befindet. Ein Unternehmen in einer akuten Restrukturierungssituation tut gut daran, sich um Verbesserung der kurzfristigen Liquidität als erste Priorität zu kümmern. Unternehmen, die dagegen eine gute Liquiditätsausstattung haben, sollten langfristige Ziele in den Vordergrund stellen, um das langfristige Überleben zu sichern: Shareholder Value oder Stakeholder Value.

2.4 Die Bedeutung der Lösung von Zielkonflikten

Die unternehmensspezifische Zielpyramide ist elementar bei Zielvereinbarungsgesprächen mit Mitarbeitern. Hier stehen folgende Fragen im Vordergrund:

- Welche Art der Ziele haben die höchste Priorität: Umsatz-/Gewinnziele, Aufbau von Potenzialen (zum Beispiel neue Kunden)?
- Welchen Anteil machen Ziele aus, die der Mitarbeiter direkt beeinflussen kann, welchen allgemeine Unternehmensziele?
- Werden nur quantifizierbare Ziele aufgeführt oder auch qualitative?

In solchen Situationen stellt sich häufig die Frage nach dem *Zielkonflikt*. Es gehört zur Standardrhetorik jedes Managers, bei Ziel- oder Budgetgesprächen seinen Chef oder Investor auf Zielkonflikte hinzuweisen („Wenn wir mehr wachsen möchten, dann kostet das Geld!").

Hierzu findet sich bei Heinen (1966, S. 89 ff.) eine hilfreiche Struktur. Er unterscheidet zwischen *komplementären, konkurrierenden und indifferenten Zielen:*

Komplementär sind Ziele, wenn sie sich gegenseitig unterstützen, zum Beispiel:

- Die Verbesserung eines Prozesses ohne zusätzliche Kosten führt üblicherweise zu einer höheren Wirtschaftlichkeit und damit zu einem höheren Gewinn. Dies kann zum Beispiel die bessere Kommunikation mit einem Lieferanten sein, durch die Personalkosten eingespart wird.
- Ein erhöhter Umsatz ohne Investitionen ins Marketing führt zu einem höheren Gewinn. Ein gutes Beispiel dafür ist ein Unternehmen, das anhand einer existierenden Datenbank seinen Kunden zusätzliche oder verbesserte Angebote macht.

- Unternehmen mit erfolgreichen ökologisch zertifizierten Produkten handeln einerseits ethisch und erzielen andererseits hohe Gewinne, da ihre Produkte in vielen Fällen höhere Margen haben.

Indifferent sind Ziele, wenn die Erreichung des einen Ziels keinen Effekt auf die des anderen hat. Ein Beispiel dafür ist die Senkung von Personalkosten in der Verwaltung, die zwar einen positiven Ergebniseffekt hat, aber den Umsatz nicht positiv oder negativ tangiert.

Konkurrierend sind Ziele, deren Erreichung miteinander im Konflikt stehen. Hierzu drei Beispiele aus der Praxis:

- Der Geschäftsführer eines E-Commerce Start-ups plant sein nächstes Geschäftsjahr. Er weiß genau, dass er bei der Gewinnung neuer Kunden mehr für Marketing bezahlen muss, als diese Kunden ihm kurzfristig an Deckungsbeitrag bringen. Die Kunden werden erst langfristig profitabel, wenn sie mehrfach gekauft haben. Der Geschäftsführer muss deshalb seinen Gesellschaftern zwei konkurrierende Ziele zur Auswahl stellen: Umsatz- oder Gewinnmaximierung.
- Unternehmen der Textilbranche sehen sich häufig vor die Wahl gestellt, entweder unter fragwürdigen Arbeitsbedingungen in Asien zu produzieren oder sich Initiativen anzuschließen, diese zu verbessern. Es liegen konkurrierende Ziele des Gewinnstrebens und der Verfolgung ethischer Maximen vor.
- Ein Unternehmen setzt sich ehrgeizige Ziele und spornt Mitarbeiter zu immer neuen Höchstleistungen an, um Gewinn und Umsatz zu steigern. Dies wirkt sich negativ auf die Mitarbeiterzufriedenheit aus. Fluktuation ist die Folge und somit eine Gefährdung des langfristigen Unternehmenserfolges.

Zielkonflikte zu entdecken, zu thematisieren und Prioritäten klarzustellen, ist eine wichtige Aufgabe des Managements, auch in der Kommunikation gegenüber den Mitarbeitern.

2.5 Schlussfolgerungen

1. *Bedeutung von Zielen:* Die richtige Zielsetzung ist elementar für den Unternehmenserfolg. Steuerung kann nicht ohne ein konkretes Zielsystem erfolgen. Dies liegt in der Natur unseres Handelns und wurde schon von einflussreichen Philosophen wie Aristoteles festgestellt. Ziele sind ein wesentliches Steuerungsinstrument für die Unternehmensführung, auch im Rahmen der Zielvereinbarung mit Mitarbeitern (Management by Objectives). Zugleich bilden sie die Basis für ein effizientes Controlling.
2. *Art von Zielen:* Ziele müssen über das reine Gewinnziel hinausgehen, dass ein Unternehmen langfristig erfolgreich sein kann. Wachstum, Kunden- und Mitarbeiterzufriedenheit sind Ziele, die langfristig wirken. Auch ethische Ziele wie der Schutz der Umwelt können Ziele der Unternehmenssteuerung sein.

2.5 Schlussfolgerungen

3. *Zielordnung und Priorisierung:* Entscheidend ist die richtige Priorisierung von Zielen. Hier gilt es, zunächst das wichtigste Ziel zu definieren. Dazu gibt es vier mögliche Ansätze: Ergebnismaximierung, Cash Flow Maximierung, Shareholder und Stakeholder Value. Welche dieser Ansätze gewählt wird, hängt zumeist von der Situation des Unternehmens ab.
4. *Lösung von Zielkonflikten:* Ziele können in einer komplementären, konkurrierenden oder indifferenten Beziehung zu einander stehen. Zielkonflikte müssen aufgedeckt und thematisiert, Prioritäten geklärt werden. Andernfalls kommt es zur Demotivation von Mitarbeitern und internen Konflikten.

3 Abgrenzung operativer und strategischer Unternehmenssteuerung

Wichtigstes Ziel dieses Buchs ist es, Arten, Methoden und Akteure der strategischen Unternehmenssteuerung zu verstehen. Bevor darauf eingegangen wird, muss eine Abgrenzung von strategischer und operativer Unternehmenssteuerung erfolgen. Dies ist jedoch nicht immer ganz einfach. Hierzu ist eine Matrix mit zwei Dimensionen hilfreich (vgl. dazu Abb. 3.1):

- *Die Art der Methodik:* Steht hier eine kennzahlenorientierte Unternehmenssteuerung oder eine qualitativ-prozessuale Unternehmenssteuerung im Vordergrund, die wir oben vor allem bei den systemischen Ansätzen kennengelernt haben?
- *Der Zeithorizont:* Sprechen wir über eine operative Unternehmenssteuerung, deren Zeithorizont üblicherweise das laufende und/oder das nächste Geschäftsjahr betrifft, oder von einer strategischen Unternehmenssteuerung, bei der es um den Aufbau von langfristigen Erfolgspotenzialen geht?

Bevor wir auf das Hauptthema dieses Buchs, strategische Unternehmenssteuerung eingehen, möchten wir diese Abgrenzungen weiter inhaltlich detaillieren.

3.1 Operatives vs. strategisches Controlling

Wir hatten bisher Controlling mit zahlenorientierter Unternehmenssteuerung gleichgesetzt. Dies gilt es weiter zu detaillieren. Eine für die deutschsprachige Literatur typische Begriffsbestimmung von Controlling findet sich bei Serfling:

> Controlling ist als informationsversorgendes System zur Unterstützung der Unternehmensführung durch Planung, Kontrolle, Analyse und Entwicklung von Handlungsalternativen zur Steuerung des Betriebsgeschehens zu verstehen (Serfling 1992, S. 17).

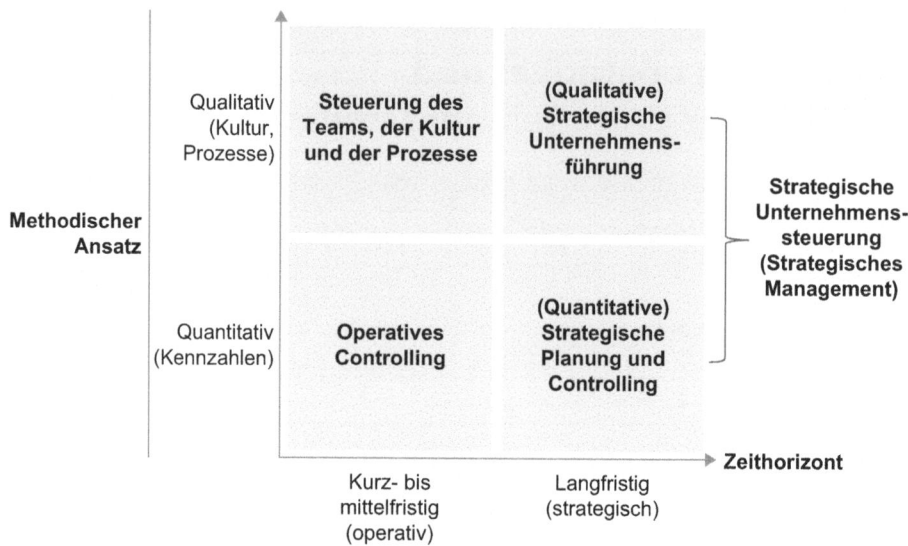

Abb. 3.1 Typen der Unternehmenssteuerung

Diese Definition stimmt mit den empirischen Untersuchungen des WHU-Controllerpanels (vgl. Schäffer et al. 2012) überein, die drei Themen als wichtigste Aufgaben eines Controllers beschreiben: Informationsversorgung und Berichtswesen, Planung und Kontrolle und Projektarbeit (vgl. Weber und Schäffer 2014, S. 12). Alle diese Dimensionen können sowohl operative als auch strategische Elemente haben.

Das erste Element des Controlling ist die *Versorgung des Managements mit Informationen*. Bei einem Vergleich der Aufgaben des Controlling zwischen 1960 und 1994 ist zu erkennen, dass das *Berichtswesen* heute wie damals zu den wichtigsten drei Aufgaben des Controllers gehört (vgl. Weber und Schäffer 2014, S. 10). Traditionelle Quellen dafür sind Buchführung und Kostenrechnung, die der operativen Unternehmenssteuerung zuzurechnen sind.

Allerdings gehen gerade bestimmte bereichsbezogene Controlling-Systeme wie das Marketing- und Vertriebscontrolling darüber hinaus. Es werden kundenbezogene Informationen mit einbezogen, die in der Buchhaltung nicht zu sehen sind, wie zum Beispiel die Anzahl der Besucher auf der Internetseite eines Unternehmens. Je mehr dieser Aspekt in den Vordergrund tritt, desto stärker wird das Controlling im Unternehmen zu dessen „Intelligence Center" (Horvath 2012, S. 295 f.).

Es kommt zu einer begrifflichen Nähe zu dem Konzept der *Business Intelligence (BI)*, das mit dem Start der digitalen Revolution Mitte der 1990er Jahre an Bedeutung gewonnen hat. BI als Funktion ist eine Kombination zwischen Betriebswirtschaftslehre, Statistik und Wirtschaftsinformatik. Sie wurde mit dem als *Big Data* bekannten Phänomen der Speicherung und Analyse von großen Datenmengen erst möglich und relevant (vgl. Müller und Lenz 2013, S. 2 ff.). BI bewegt sich an der Schnittstelle von operativem und strategischem Controlling, da viele erst mittel- bis langfristig relevante Faktoren (z. B. Neukunden) erfasst werden. Auch ist der Aufbau von BI -Systemen eine wichtige strategische Maßnahme. Es werden Erfolgspotenziale geschaffen.

Unter *Planung* können die Budgetierung für das nächste Geschäftsjahr (Budgetplanung), die Planung von einzelnen Investitionen, aber auch Lang- und Mittelfristplanung verstanden werden. Typische Themenbereiche des operativen Controlling sind die *Budgetplanung,* die zumeist in der Detailplanung einen 1-Jahreshorizont hat und in der Grobplanung üblicherweise auf drei Jahre ausgerichtet ist. Hierunter fallen zudem Investitionen, die Teil des Tages- und Routinegeschäftes sind. Die *strategische Planung* oder die Planung von langfristig ausgerichteten, außerordentlichen Investitionen (z. B. Unternehmenskäufe) sind dagegen Teil des strategischen Controlling.

Unter *Kontrolle* sind die verschiedensten Aktivitäten zu verstehen, die auf einen Soll-Ist-Vergleich abzielen. Das ist üblicherweise ein Vergleich des Budgets mit der Realität (vgl. Weber und Schäffer 2014, S. 256), der operativer Natur ist. Strategisch sind dann aber häufig die daraus abgeleiteten Maßnahmen.

Die Entwicklung von Handlungsalternativen, die sich zumeist in der *Projektarbeit* ausdrückt, hat in den letzten 20 Jahren stark als Aufgabe des Controlling zugenommen. Laut dem WHU-Controllerpanel macht diese inzwischen fast 30 % der Arbeit von Controlling-Abteilungen aus (vgl. Weber und Schäffer 2014, S. 12). Ob diese Aufgaben tatsächlich in einer zentralen Controlling-Abteilung erledigt werden, hängt von der Größe eines Unternehmens ab. In größeren Konzernen gibt es hierfür interne Beratungsteams (Inhouse Consulting) oder Teams der Unternehmensentwicklung, die an vielen Strategieprojekten arbeiten. In kleineren Unternehmen ist der Controller dagegen häufig „Mädchen für Alles". Er beschäftigt sich deshalb häufig auch mit Ad-hoc-Aufgaben, die dann sehr gerne als „Projektarbeit" bezeichnet werden, selbst wenn sie nicht unbedingt mit der komplexen Ressourcensteuerung zu tun haben, die Projektarbeit eigentlich charakterisiert.

3.2 Qualitative Formen der operativen Unternehmenssteuerung

Die Einführung und Weiterentwicklung von unternehmensinternen *Regelprozessen* setzen konzeptionell an dem oben eingeführten Ansatz der Kybernetik an. Prozesse lenken die täglichen Aktivitäten der Mitarbeiter. Sie können aktiv entwickelt werden oder unbewusst entstehen („sich einspielen"). Im zweiten Fall werden sie häufig ex-post rationalisiert und als Soll-Prozesse festgelegt. Die Steuerung und permanente Verbesserung existierender Prozesse haben einen operativen Charakter. Dagegen ist die Entscheidung zum Aufbau von grundsätzlich neuen Prozessen häufig langfristig orientiert und Konsequenz einer strategischen Entscheidung.

Die Entwicklung von *Organisationsformen* und *Unternehmenskulturen* kann ein bewusster strategischer Akt sein, wie eine Reorganisation oder die Einführung des allgemeinverbindlichen „Du" zur Veränderung der Unternehmenskultur. Veränderungen können sich aber auch im täglichen Handeln einspielen. Unternehmenslenker haben die Möglichkeit, durch ihren eigenen Führungsstil oder die schrittweise Einführung von de facto Hierarchien das Unternehmen „weich" in eine Richtung zu lenken.

Ein wichtiges Mittel, Unternehmen operativ zu steuern, ist das *Personalmanagement*. Aber auch hier gibt es klare Überschneidungen. Ziele sind elementar, um Unternehmen und deren Mitarbeiter in die gewünschte Richtung zu steuern. Häufig sind diese an operative Kennzahlen geknüpft. Manchmal haben sie aber auch ein klar strategisches Element, im Sinne der in Teil 3 zu diskutierenden *Balanced Scorecard*.

4 Entstehung und Entwicklung der Beschäftigung mit Strategien

Bevor dieses Buch sich mit dem Wesen der strategischen Unternehmenssteuerung beschäftigt, wird zunächst erläutert, was eigentlich mit Strategie gemeint ist. Hierbei ist es sinnvoll, sich damit zu beschäftigen, woher dieser Begriff kommt, da hierdurch das Wesen des strategischen Denkens deutlich wird.

4.1 Die Entstehung des Strategiebegriffs in der Politischen Philosophie und der Militärtheorie: Sun Tzu, Machiavelli und Clausewitz

Der Begriff der Strategie kommt aus dem Militärischen. Im altgriechischen Sprachgut sind die Begriffe „stratos" (das Heer) und „agein" (führen) zu finden. Strategie ist also die Kunst der Heeresführung.

Die Klassiker der Strategie sind im Altertum der chinesische Feldherr und Philosoph Sun Tzu, in der Renaissance der Staatsphilosoph Niccolo Machiavelli und im 19. Jahrhundert der preußische General und Militärtheoretiker Carl von Clausewitz.

Der Strategiebegriff bei Sun Tzu

Sun Tzu (alternative Übersetzung Sun Wu, Sun Tsu, Sun Zi) lebte ca. 500 v. Chr. Sein Werk *Die Kunst des Krieges (Sun Tzu 1981)* ist keinesfalls bellizistisch. Sun Tzu ging es darum zu zeigen, wie ein Staatsmann seine Ziele erreicht, ohne zu kämpfen, zum Beispiel indem er sich den Gegner zum Verbündeten macht. Wenn der Kampf jedoch unvermeidlich ist, dann galt für ihn der Grundsatz, *seinen Gegner und sich selbst zu kennen*, bevor man in den Kampf geht.

Strategie ist hier die Kunst, einen Kampf vorzubereiten, zu vermeiden oder ihn notfalls durch List und Taktik zu gewinnen. Die genaue Analyse von Stärken und Schwächen steht im Vordergrund jeder Feldzugsplanung. Nachdenken kommt also vor Agieren.

Sun Tzu inspiriert seit den 1990er Jahren die Managementliteratur zur Strategie und gilt als einer der historischen Vordenker (vgl. Sun Tzu 1981, S. II f.; Moch 2008, S. 14 ff.).

Strategisches Handeln nach Niccolo Machiavelli
Eine Beschäftigung mit der Historie des Begriffs Strategie, ohne den italienischen Renaissancephilosophen *Niccolo Machiavelli* (1449–1516) zu berücksichtigen, ist verkürzt. Mit seinen Schriften, insbesondere *Il Principe* („Der Fürst", Machiavelli 1978), ist er einer der Begründer des strategischen Denkens in unserer westlichen Welt (vgl. Stahel 2004, S. 53).

Machiavelli ist heutzutage in den Verruf gekommen, Begründer einer skrupellosen Machtpolitik zu sein. Letztlich war er für seine Zeit aber ein sehr fortschrittlicher und republikanisch denkender Mann, der im Geiste der Renaissance die häufig verlogenen Moralvorstellungen der Kirche durch eine nüchterne Zweckrationalität zu überwinden versuchte. Sein *Fürst* diente vorrangig dem Ziel, der Fürstenfamilie der Medici Instrumente zu geben, um in Italien nach Jahren des Krieges und der Dominanz ausländischer Mächte wieder für Ordnung zu sorgen, „zum Wohle des ganzen italienischen Volkes" (Machiavelli 1978, S. 106). Seine Einsichten gewann er durch historische Analysen, da ein kluger Herrscher „doch immer Wege einschlagen wird, die von bedeutenden Männern begangen wurden" (Machiavelli 1978, S. 20).

Für Machiavelli war strategisches Handeln das kluge Handeln einer starken Führungspersönlichkeit, die von den Fehlern seiner Vorgänger lernt und die Motivationen von Menschen in ihre Entscheidungen mit einbezieht. Wesentlich für sein Gedankengut sind zum Beispiel die Überlegungen zur fehlenden Loyalität von Söldnern und der Notwendigkeit von eigenen, dem Land verbundenen Soldaten (vgl. Machiavelli 1978, S. 49 ff.). Ein anderes Beispiel könnte aus einem Buch für Management entstammen: Der Fürst brauche eine „glückliche Hand bei der richtigen Auswahl der Mitarbeiter" und solle „für seine Regierung weise Männer aussuchen, denen allein er die Freiheit geben soll, ihm die Wahrheit zu sagen" (Machiavelli 1978, S. 98).

Mit der nötigen Distanz und der Fähigkeit zum Transferdenken ist die Lektüre des *Fürsten* nicht nur ein intellektueller Genuss, sondern bietet auch immer wieder Gedankenanregungen für moderne Manager. Und eine Sache sollte dabei nicht vergessen werden: Ähnlich wie zur Zeit Machiavellis, der Wende vom Altertum zur Neuzeit, befinden wir uns heute in einer radikalen Umbruchsituation, in der starke Führungspersönlichkeiten gefordert sind, die klug und strategisch denken.

Carl von Clausewitz und Management
Carl von Clausewitz (1780–1831) leitete von 1818 bis 1831 die Allgemeine Kriegsschule in Berlin und wurde durch sein Hauptwerk *Vom Kriege* (Clausewitz 1980) bekannt. Clausewitz' Analysen und Empfehlungen zur Kriegsführung zeugen vom Geist eines breit und humanistisch gebildeten Mannes aus der Zeit des deutschen Idealismus, der historische und philosophische Einsichten zur Basis seiner Ideen machte. Ähnlich wie für Sun Tzu und Machiavelli war für Clausewitz die Kriegsführung immer der Politik

untergeordnet und nur eines ihrer Mittel: „die bloße Fortsetzung der Politik mit anderen Mitteln" (Clausewitz 1980, S. 210).

Sein Anspruch an Strategen war Klugheit und die Kunst, individuelle Wege zu gehen, der Situation angepasst. Die Schulung eines Generals in Strategie war für ihn kein System von konkreten Handlungsanweisungen. Der große Stratege ist nach Clausewitz kein Analytiker, sondern ein Künstler, ein Genius, der in einer spezifischen Situation mit seiner Strategie etwas Neues schafft, einen neuen Weg geht (vgl. Oetinger 2003). Dabei beherrscht er jedoch, ebenfalls wie ein Künstler, sein Handwerkszeug virtuos, in diesem Fall die Kriegswissenschaft.

Die Beschäftigung mit Clausewitz hat in den letzten Jahren immer wieder Managementtheoretiker inspiriert. Bereits im Jahre 2003, in einer Zeit, in der mit dem Platzen der ersten „Blase der New Economy" eher ein konservatives Managementdenken gefragt war, schrieb Bolko von Oetinger:

> Die Fähigkeit, ein Unternehmen oder eine ganze Branche nachhaltig umzugestalten, das ist es, was Clausewitz heute wohl von einem Vorstandsvorsitzenden fordern würde. Das strategische Genie im Unternehmen steht vor der nicht minder anspruchsvollen Suche nach völliger Veränderung der Branchenlandschaften und der damit einhergehenden Suche nach alternativen Geschäftsmodellen … In großen Unternehmerpersönlichkeiten entdecken wir den Drang zum „Irregulären" ebenso wie in den heroischen Gestalten der Historie (Oetinger 2003, S. 12).

Diese Einsicht ist in unserer Zeit, in der die Begriffe der digitalen Transformation und der disruptiven Innovationen in aller Munde sind, aktueller denn je.

4.2 Die Entwicklung der strategischen Unternehmenssteuerung

Der Begriff Unternehmensstrategie ist in der Literatur nicht einheitlich definiert. Eine genaue Definition, die dem Gedankengut aller renommierten Autoren Rechnung trägt, ist schwierig und sollte nicht Aufgabe dieses Buches sein. Deshalb möchten wir hier eine typische Definition von Strategie im deutschsprachigen Raum aufführen, die sich an das Verständnis von Michael Porter (vgl. Porter 1983) anlehnt:

> Eine Strategie zielt darauf, die Unternehmensaktivitäten optimal auszurichten. Optimal bedeutet, die Aktivitäten so auszugestalten, dass man sich von der Konkurrenz abhebt und letztlich einen nachhaltigen Wettbewerbsvorteil erzielt. Die Suche nach Wettbewerbsvorteilen nimmt eine strategische Stellung in der strategischen Unternehmensführung ein (Koob 2013, S. 107).

Strategien geben also die Richtung für die operativen Aktivitäten vor, um das langfristige Überleben eines Unternehmens zu sichern. Für unsere anschließenden Ausführungen sehen wir die Terminologie des *Strategischen Managements* als ein Synonym zur Strategischen Unternehmenssteuerung an.

Phase 1: Implizite Strategieentwicklung

Strategisches Denken fand in erfolgreichen Unternehmen bereits statt, bevor es so genannt wurde. Nur diejenigen Unternehmen, deren Lenker in der Lage waren, strategisch zu denken, konnten überhaupt überleben und erfolgreich werden. Es gibt zahllose historische Beispiele für eine geniale Strategie. Das T-Modell von Henry Ford von 1908 war das erste Auto, das bewusst für die Massenproduktion gebaut wurde. Das Versandhaus Quelle wurde 1927 von Gustaf Schickedanz gegründet und nach dem zweiten Weltkrieg mit dem Motto „Demokratisierung des Luxus" und dem Angebot von begehrlichen Produkten zu sehr niedrigen Preisen erfolgreich. Die Gründung des Bertelsmann Buchclubs erfolgte in den 1950er Jahren durch Reinhard Mohn und setzte auf dem Mangel einer flächendeckenden Abdeckung von Buchhandlungen in Deutschland auf. Alle drei sind Beispiele für erfolgreiche Strategien, lange bevor es strategische Planungsinstrumente und -methoden gab.

Phase 2: Entwicklung der Strategischen Planung

Gerade als Antwort auf die Frage, wie eine erfolgreiche Strategie entsteht oder entwickelt werden kann, sind strukturierte Analysen von strategischen Handlungsalternativen und die daraus abgeleitete Strategieentwicklung natürlich sinnvoll.

Eine erste Übertragung von militärtheoretisch geprägten Ansätzen zur Strategieforschung in die Ökonomie erfolgte bereits 1947 mit den Spieltheorien von Neumann und

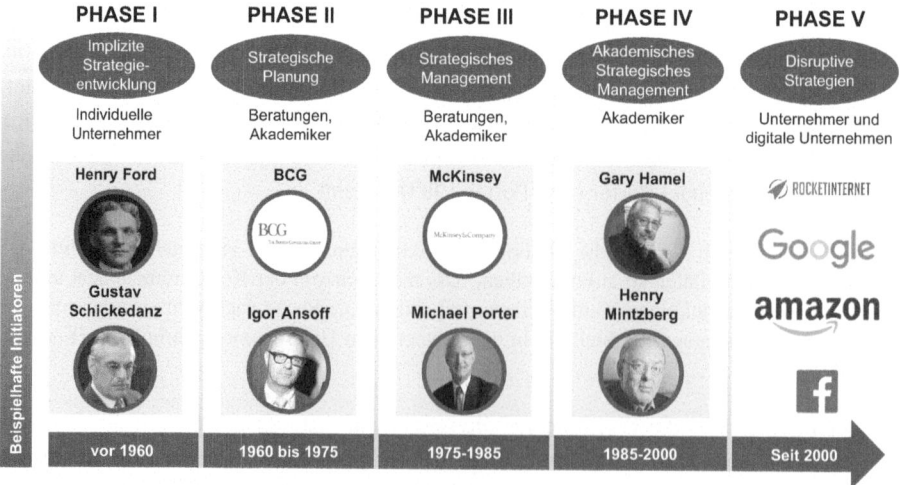

Abb. 4.1 Entwicklung der strategischen Unternehmenssteuerung

4.2 Die Entwicklung der strategischen Unternehmenssteuerung

Morgenstern (vgl. Neumann und Morgenstern 2007). In der Praxis spielte die strategische Planung nach dem 2. Weltkrieg jedoch noch keine wichtige Rolle. Im Vordergrund standen der Wiederaufbau der Produktion und damit die kurzfristig angelegte Planung von Beschaffung und Absatz.

Erst in den 1960er Jahren zog die strategische, langfristige Planung in den Alltag von fortschrittlichen Unternehmen ein. Hintergrund war der Wandel von dem *Verkäufermarkt* der Nachkriegszeit, in der jedes produzierte Gut Absatz fand, zum *Käufermarkt*, der sich durch einen Angebotsüberschuss auszeichnete. Unternehmen mussten sich deshalb einen spezifischen Wettbewerbsvorteil erkämpfen und dazu das Marktumfeld und ihre eigenen Stärken analysieren (vgl. Baum et al. 2013, S. 18). Die Einsicht von Edith Penrose (1959, S. 75 f.), dass jedes Unternehmen in seinem Produktangebot einzigartig sein sollte, war ein erster wichtiger Schritt in diese Richtung (vgl. Müller-Stewens und Lechner 2011, S. 9). Parallel dazu schrieb der Wirtschaftshistoriker Alfred Chandler sein einflussreiches Buch *Strategy and Structure* (Chandler 1962). Darin analysierte er erfolgreiche Unternehmen und folgerte, dass Organisationsformen sich der Strategie anpassen sollten *(Strategy follows Structure)*.

Beide zeigten jedoch noch keine strategischen Planungsmethoden auf. Diese wurden in den USA erst in den späten 1960er Jahren entwickelt. Neben *Bruce Henderson* (vgl. Henderson 1979), dem Gründer der Boston Consulting Group (BCG) und Erfinder der bekannten BCG-Portfolio-Matrix, gelten zwei amerikanische Wissenschaftler hierbei als Wegbereiter (vgl. Müller-Stewens und Lechner 2011, S. 10 ff.):

- Der amerikanische Mathematiker und Wirtschaftswissenschaftler *Igor Ansoff* entwickelte in seinem 1965 veröffentlichten Werk *Corporate Strategy* (Ansoff 1965) die heute als „Ansoff-Matrix" bekannte Produkt-Markt-Matrix. Hier stellte er vier verschiedene Normstrategien als Wachstumsalternativen vor: von der Marktdurchdringung mit bisherigen Produkten auf existierenden Märkten bis hin zur Diversifikation. Ansoff ergänzte diese Systematik durch die SWOT-Analyse (Strengths, Weaknesses, Opportunities, Threats), das noch heute relevante Konzept zur Analyse des Umfeldes sowie der eigenen Stärken und Schwächen.
- Auch der Harvard Professor *Kenneth Andrews* (vgl. Andrews 1971) griff auf die SWOT-Analyse zurück. Für ihn war Strategieentwicklung ein rationaler und bewusster Prozess, der auf einer Analyse der Umwelt und der eigenen Stärken beruht und dann in die nachfolgende Strategieimplementierung mündet.

Phase 3: Entstehung des Strategischen Managements als Disziplin

Mit den ökonomischen Krisen der 1970er Jahren wuchs die Notwendigkeit, die Qualität der Strategieentwicklung weiter zu verbessern. Die in den 1960er Jahren entwickelten strategischen Planungsinstrumente konnten die Krisen nicht voraussehen. Der daraus resultierende Wandel von strategischer Planung zum breiter angelegten strategischen Management erfolgte auf verschiedenen Gebieten (vgl. Müller-Stewens und Lechner 2011, S. 12 ff.; Baum et al. 2013, S. 19 ff.):

- Mitte der 70er Jahre beschäftigte sich Ansoff (1976) mit der *strategischen Frühaufklärung* und der rechtzeitigen Erkennung von schwachen Signalen als Reaktion auf das Versagen der strategischen Planung bei der Ölkrise von 1973.
- Es gerieten zunehmend *unternehmensinterne Faktoren* in den Vordergrund der Strategieforschung. Das *7-S-Modell* von McKinsey in der bekannten Studie *In Search of Excellence* (Peters und Watermann 1982) nannte neben der Marktstrategie des Unternehmens interne Faktoren wie Strukturen, Führungsstile und Systeme als relevante Faktoren für Unternehmensexzellenz. Die Strategieumsetzung geriet in den Fokus.
- Mit dem 1980 in den USA und 1983 in Deutschland veröffentlichten Klassiker *Wettbewerbsstrategien* von *Michael Porter* (Porter 1983) wurden Erkenntnisse der volkswirtschaftlichen Industrieökonomie in die Strategielehre integriert.

Strategisches Management hatte sich somit als wissenschaftliches Teilgebiet etabliert, in dem interdisziplinär über den Tellerrand der quantitativen strategischen Planung der 1960er Jahre geschaut wurde. Wichtigste Akteure waren dabei Professoren an den großen internationalen Business Schools und Beratungen wie McKinsey oder Boston Consulting Group. Zugleich waren Unternehmen wie General Electric Vorreiter in der Anwendung des strategischen Portfoliodenkens.

Phase 4: Ausdifferenzierung des Strategischen Managements seit Mitte der 1980er Jahre

Diese Disziplin hatte Mitte der 1980er Jahre einen Reifegrad erreicht, der eine Vielzahl von Ansätzen und Schulen erlaubte. Die Beschäftigung mit Strategien wurde zunehmend akademisch:

- Zuerst entwickelte sich der Teil der Disziplin weiter, der sich mit den inhaltlich richtigen Strategien auseinandersetzte, auch als *Inhaltsforschung* bekannt. Neben den auf die *Marktkräfte* ausgerichteten Analysen von Michael Porter, dem Market *Based View*, entstand der sogenannte *Resource Based View*, die Analyse der unternehmensinternen Erfolgsfaktoren. *Hamel und Prahalad* (1990) wurden mit der Einführung des Begriffs der *Kernkompetenzen* bekannt.
- Zugleich entstand die *Prozessforschung*, die Beschäftigung mit der Fragestellung, wie Strategien entstehen. Bekanntester internationaler Vertreter war dafür *Henry Mintzberg* (vgl. Mintzberg 1978; Mintzberg und Waters 1985), der herausarbeitete, dass Strategien sowohl bewusst formuliert werden können als auch im täglichen Unternehmensalltag entstehen und – nachdem sie bereits umgesetzt worden sind – nachträglich begründet und formuliert werden.
- In dieser Zeit gewannen *interdisziplinäre Ansätze* aus Organisationstheorie, Psychologie und Soziologie an Bedeutung für die Strategieforschung. Im deutschsprachigen Raum waren hier die *St. Gallener Schule* und die *Münchner Schule* Vorreiter. Letztere

arbeitete mit dem Begriff der *strategischen Unternehmensführung* und verband diesen mit ihren Theorien zur innovativen Entwicklung von Unternehmen (vgl. Kirsch 1997; Knyphausen-Aufseß 1995).

In der Interpretation der Münchner Schule basiert *strategische Unternehmensführung* dezidiert auf einem qualitativen Verständnis des Unternehmens und dessen Umfeld. Eine Nähe zu den 7-S-Ansätzen von McKinsey und den Analysen zur Entstehung von Strategien durch Henry Mintzberg wird hier deutlich.

Demgegenüber ist die traditionelle *strategische Planung* ein bewusst quantitativer Prozess. Ansätze zum *strategischen Controlling* orientieren sich – trotz einer häufig gezeigten Offenheit gegenüber qualitativen Elementen der Strategieentwicklung (vgl. Baum et al. 2013) – eher an Kennzahlen und quantitativ-analytischen Methoden.

Phase 5: Phase der disruptiven Strategien
Seit der Jahrtausendwende ist neben dem Phänomen der zunehmenden Globalisierung vor allem die schrittweise digitale Transformation der Wirtschaft das entscheidende Untersuchungsobjekt bei der Beschäftigung mit strategischer Unternehmenssteuerung. Sicherlich spielten auch in den letzten Jahren die klassischen Vorreiter des strategisch betriebswirtschaftlichen Denkens eine Rolle: Top Management Beratungen und Professoren an Business Schools. Aber die wirklichen Impulse kamen von Unternehmen wie Google, Amazon, Tesla oder Apple und vielen anderen kleineren Gesellschaften. Diese Phase ist das Hauptthema dieses Buches, zusammen mit dem Anliegen, traditionelle Theorien auf ihre Geeignetheit für die heutige Unternehmensrealität zu überprüfen.

5 Akteure und Institutionen der strategischen Unternehmenssteuerung

Die Steuerung eines Unternehmens ist Aufgabe des Managements, also der Geschäftsführung oder des Vorstandes, der dabei von Abteilungen wie Controlling oder Unternehmensentwicklung unterstützt wird. Dies gilt im besonderen Maße für das strategische Management. Hierbei gibt es jedoch Unterschiede zwischen Unternehmensarten, die idealtypisch anhand von fünf Arten erläutert werden (vgl. Abb. 5.1):

Typ 1: Kleine traditionelle Unternehmen
In kleineren eigentümergeführten Unternehmen ist Strategie die Aufgabe des/der geschäftsführenden Gesellschafter. Der Strategieprozess ist hier häufig nicht aufwendig gestaltet. Strategische Planung im Sinne einer langjährigen Budgetplanung auf Basis von detaillierten Analysen existiert üblicherweise nicht. Analog zu Henry Mintzbergs Erkenntnissen (Mintzberg 1978; Mintzberg, H. und Waters, J. 1985) existieren Strategien zumeist in den Köpfen der Unternehmenslenker und werden dann ex-post formuliert, zum Beispiel zur Vorbereitung auf Verhandlungen mit der Hausbank.

Typ 2: Technologie Start-ups (Venture Capital finanziert)
Ausnahmen sind Start-ups, die von Investoren begleitet werden, welche sich auf die Vergabe von Risikokapital (Venture Capital, VC) spezialisiert haben. Die Gründer und Akteure dieser Unternehmen unterstützen die VC-Investoren bereits im Frühstadium bei der Entwicklung der Unternehmensstrategie.

Typ 3: Mittelgroße bis größere Familienunternehmen
Bei mittelgroßen bis größeren mittelständischen Unternehmen steigt die Notwendigkeit einer systematischen Beschäftigung mit Strategien. Gründe dafür sind:

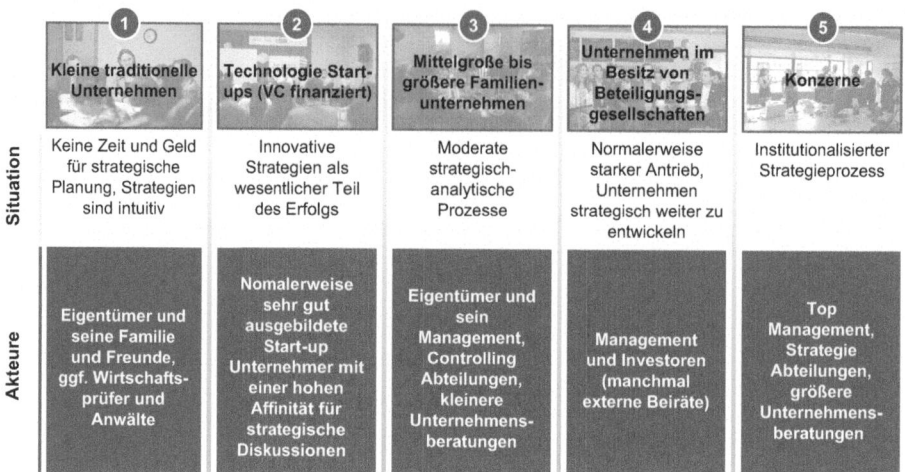

Abb. 5.1 Varianten der Akteure der strategischen Unternehmenssteuerung

- die erhöhte Komplexität der Eigentümerstruktur (größere und verzweigte Eigentümerfamilien) und eine dadurch bedingte höhere Notwendigkeit zur Transparenz,
- eine zunehmende Komplexität des Produktangebotes, die eine Auseinandersetzung mit Portfoliomanagement notwendig macht,
- die Entstehung von eigenständigen Strategien in den verschiedensten Bereichen (z. B. Vertrieb, Einkauf), die zusammengeführt werden müssen,
- mit der Größe und Ertragskraft einhergehende Möglichkeiten, strategisches Management systematisch zu betreiben.

Dies erfolgt dann typischerweise bei Strategietreffen, an denen die Eigentümer teilnehmen oder ex-post darüber informiert werden. Deren Vor- und Nachbereitung erfolgt durch das Management unter Zuarbeit des Controlling.

Typ 4: Unternehmen im Besitz von Beteiligungsgesellschaften
Im Gegensatz zu den Risikokapitalgebern investieren klassische Beteiligungsgesellschaften (Private Equity, PE) bei etablierten Unternehmen und versuchen, diese Wachstum bei und/oder Effizienzsteigerung zu begleiten. In vielen Fällen handelt es sich hierbei um Familienunternehmen, die entweder keine geeigneten Nachfolger haben und/oder beim Wachstum an Grenzen der Kompetenz oder der Finanzierung stoßen. In Zeiten der digitalen Transformation dürfte sich dieser Trend verstärken. Darüber hinaus gibt es Unternehmen in Sondersituationen, zum Beispiel ertragsschwache oder strategisch überflüssige Tochtergesellschaften von Konzernen, für die der Erwerb durch PE-Gesellschaften in Betracht kommt.

5 Akteure und Institutionen der strategischen Unternehmenssteuerung

Für die Unternehmenssteuerung ergibt sich hier eine besonders interessante Situation. Einerseits sind die Manager dieser Gesellschaften durch finanzielle Beteiligungen an den Unternehmen stärker motiviert als Manager von vergleichbaren Unternehmen. Zudem streben die neuen Eigentümer eine Wertsteigerung an und sind im Vergleich zu Konzernen und vielen Familienunternehmen stärker auf Inhalte als auf „Unternehmenspolitik" fokussiert. Unternehmenssteuerung verläuft hier zumeist strategisch und quantitativ, aber trotzdem in Kombination mit dem notwendigen unternehmerischen Pragmatismus. Akteure sind Management und Investoren im Zusammenspiel.

Typ 5: Konzerne

In größeren Konzernen ist strategische Unternehmenssteuerung zumeist Gegenstand von Diskussionen und Entscheidungen des Vorstandes. Dabei wird dieser häufig durch Abteilungen zur Unternehmensentwicklung, Inhouse Consultants oder externe Berater unterstützt.

Teil II
Methoden der strategischen Unternehmenssteuerung: von der strategischen Analyse zur Formulierung von Strategien

Begriffe, Zielsetzung und Inhalt 6

Nachdem im letzten Kapitel die theoretischen Grundlagen der Unternehmenssteuerung erörtert wurden, sollen nun die konkreten, praktisch anwendbaren Methoden vorgestellt werden. Ziel dieses Kapitels ist es, dem Leser das nötige Handwerkzeug zu geben, um in der Praxis Problem- und Fragestellungen der strategischen Unternehmenssteuerung kompetent beantworten zu können und somit zur strategischen Weiterentwicklung von Unternehmen beizutragen.

Konzeptionell ist als erstes zwischen den verschiedenen Ebenen der Strategieentwicklung zu differenzieren, die in diesem Buch an unterschiedlichen Stellen aufgeführt werden (siehe Abb. 6.1):

Eine zweite Unterscheidung liegt in der Differenzierung zwischen Konzern- und Geschäftsfeldstrategien. Diese ergibt vor allem Sinn, wenn es sich um einen Konzern oder eine Unternehmensgruppe handelt, die verschiedene Produkte oder Services anbieten und für diese jeweils unterschiedliche Wettbewerber findet. Diese Angebote bewegen sich damit in unterschiedlichen Markt- und Branchensegmenten, in denen andre Zielgruppen existieren und unterschiedliche Regeln gelten.

Diese Aktivitäten können als *strategische Geschäftsfelder* bezeichnet werden. Darunter ist ein „möglichst isoliert funktionierender Ausschnitt aus dem gesamten Betätigungsfeld eines Unternehmens" zu verstehen, der „eigene Ertragsaussichten, Chancen und Risiken aufweist und für den relativ unabhängig Strategien entwickelt werden können" (Müller-Stewens und Lechner 2011, S. 143, mit Bezug auf Kreilkamp 1987, S. 316). Sie sind auf Märkte, somit extern ausgerichtet.

Das unternehmensinterne, organisationstheoretische Pendant dazu sind *strategische Geschäftseinheiten* (SGE). Diese haben häufig einen relativ hohen Freiheitsgrad und werden manchmal als „Unternehmen im Unternehmen" bezeichnet (vgl. Walsh et al. 2009, S. 127). Einige Beispiele für SGEs sind auf der Abb. 6.2 zu sehen.

Abb. 6.1 Ebenen der strategischen Steuerung

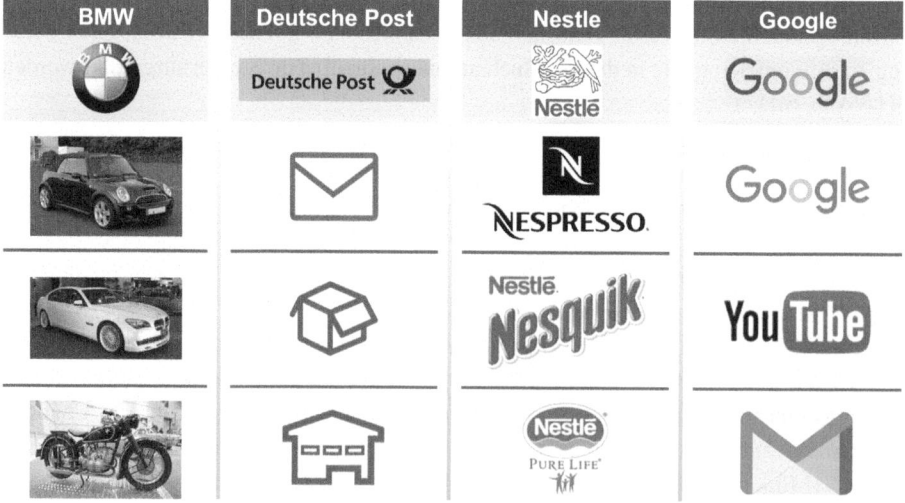

Abb. 6.2 Beispiele für strategische Geschäftseinheiten

Es ist sinnvoll, Strategien für SGEs zunächst einmal separat zu entwickeln. Dies bedingt eine andere strategische Analyse für jede dieser Einheiten. Parallel dazu und natürlich in gegenseitiger Abhängigkeit werden Strategien für die gesamte Unternehmensgruppe festgelegt, auch Konzernstrategien (Corporate Strategies) genannt.

Zuletzt wird der allgemeine Strategieprozess herausgearbeitet (Abb. 6.3).

Diesem Strategieprozess folgen die Kapitel Visionen & Missionen (7), Strategische Analysen (8–10), Formulierung (11–12) und schließlich Umsetzung in der operativen Unternehmenssteuerung (Teil 3).

Abb. 6.3 Allgemeiner Strategieprozess

Visionen, Missionen und Leitbilder 7

Der St. Galler Lehrstuhlinhaber für Management Bleicher begründet in seinem Standardwerk *Das Konzept integriertes Management* (Bleicher 2011) bereits 1994 die Notwendigkeit eines *normativen Managements,* das die strategischen Ziele und Aktivitäten beschreibt und somit zur Bezugsgröße der strategischen Unternehmenssteuerung wird (vgl. Bleicher 2011, S. 90).

Seine St. Galler Kollegen Müller-Stewens und Lechner (2011, S. 221 ff.) bauen darauf auf und definieren als wesentliche Bezugsgrößen für das Strategische Management Visionen, Missionen und Leitbilder, eine Einteilung, der wir hier folgen möchten.

Nach Simon (2004, S. 498) ist eine **Vision** „eine konkrete Vorstellung davon, wo ein Unternehmen zu einem bestimmten Zeitpunkt in der Zukunft stehen soll". Diese ist vor allem für die (interne) Kommunikation gegenüber den eigenen Mitarbeitern gedacht. Folgende vier Eigenschaften erfolgreicher Visionen lassen sich festhalten:

1. **Richtungsweisend:** Eine Vision muss Richtung und Ziele vorgeben und dazu weit in die Zukunft gerichtet sein (vgl. Simon 2004, S. 498). Im Alltag dient sie somit als normativer Referenzpunkt für das Handeln von Management und Mitarbeitern, als ultimatives Ziel. Sie unterstützt schwierige Entscheidungen.
2. **Motivierend und sinnstiftend:** Eine Vision muss Begeisterung und Enthusiasmus bei den Mitarbeitern für ihre Arbeit fördern. Der explizite Unterschied zwischen der heutigen Situation und der in der Vision festgelegten positiven Zukunft wirkt motivierend. Die Identifikation mit den Zielen des Unternehmens bei den Mitarbeitern steigt. Sie sehen somit einen Sinn in ihrer Tätigkeit, leisten diese aus Überzeugung und nicht aus Pflicht. Dies folgt den Ideen der neueren Systemtheorie, nach der Unternehmen eine Sinnorientierung brauchen (vgl. Müller-Stewens und Lechner 2011, S. 225)
3. **Überzeugend kommuniziert:** Der in der Vision formulierte Anspruch muss realistisch sein. Eine Vision ist ein hehres Ziel, aber kein unerreichbares. Andernfalls verliert sie ihre Kraft und Glaubwürdigkeit.

Zugleich muss sie – gleich einem Slogan – einfach, prägnant und eingängig kommunizierbar sein. Allerdings unterscheidet sich eine Vision von einem auf die Kunden gerichteten Marketingslogan. Die bekannte Vision der 1960er Jahre „Crush Adidas" von Nike (Heute: „To be the number one athletic company in the world") war damals ein klarer Ansporn für die Mitarbeiter, jedoch nicht für die Kundenkommunikation geeignet. Dagegen ist der traditionelle Slogan „Just do it" gut fürs Marketing, aber zu wenig konkret für die Motivation der Mitarbeiter (vgl. Coenenberg et al. 2015, S. 21 f.).

4. **Verankert und gelebt:** Schließlich ist eine Vision professionell zu kommunizieren. Die Unternehmensführung muss sie im Unternehmen verankern und durch eigenes Vorbild dafür sorgen, dass sie gelebt wird. Eine Vision darf kein Fremdkörper sein, sondern ein integraler Bestandteil der Unternehmenskultur (vgl. Coenenberg et al. 2015, S. 27 f.).

In der Literatur werden verschiedene **Typen** von Visionen unterschieden (vgl. Coenenberg et al. 2015, S. 23 ff.; Müller-Stewens und Lechner 2011, S. 226, mit Bezug auf Collins und Porras 1997):

Zielfokussierte Visionen: Diese orientieren sich an den Marktverhältnissen und einem daraus abgeleiteten Ziel, zum Beispiel die Vision von Wal-Mart aus dem Jahre 1990 „Wir wollen ein 125 Mrd. USD Unternehmen bis zum Jahr 2000 werden".

Wettbewerbsorientierte Visionen wie das oben zitierte Beispiel von Nike aus den 60er Jahren „Crush Adidas". Hier orientierte sich ein (damals) kleineres Unternehmen nach dem Prinzip „David gegen Goliath" am Marktführer.

Kundenorientierte Visionen wie Henry Fords „Democratize the automobile" oder die daran angelehnte „Demokratisierung des Luxus" des Quelle Versands der 1950er Jahre.

Geschäftsmodellorientierte Visionen, die sich häufig in Anforderungen an den Wandel eines Unternehmens niederschlagen. Dahinter steht die Erkenntnis des Change Managements, dass erfolgreicher Wandel auch eine Vision der Veränderungswilligkeit benötigt (vgl. Vahs und Weiand 2013, S. 7 f.).

Eine Analyse erfolgreicher Unternehmen, die den heutigen digitalen Wandel dominieren, zeigt, dass deren Visionen häufig Kombinationen von Ziel und Kundennutzen sind. Beispiele dafür sind Googles Vision „To provide access to the worlds information in one click" oder Amazons Vision „To be earth's most customer centric company; to build a place where people can find and discover anything they might want to buy online". Somit sind die oben beschriebenen Typen in der Praxis häufig nicht leicht abgrenzbar.

Visionen und **Missionen** werden häufig verwechselt. Wie Abb. 7.1 zeigt, unterscheidet sich eine Mission in verschiedener Hinsicht von einer Vision.

Zum besseren Verständnis des Konzepts der Mission eines Unternehmens hilft das Nachdenken über die Wortfamilie: Missionen sind per se „missionarisch", haben somit idealistische und ideologische Züge. Sie wurden in der amerikanischen Kultur

7 Visionen, Missionen und Leitbilder

	Mission	**Vision**
Zeitraum	Bezogen auf die **Gegenwart**	Bezogen auf die **Zukunft**
Ziele	Antwort auf die Frage, warum ein Unternehmen existiert **(Stakeholder Value)**	Lanfristige Ziele und Wege, wie das Unternehmen diese erreichen kann **(Shareholder Value)**
Zielgruppe	**Externe** Kommunikation (Kunden, Lieferanten, Gesellschaft)	**Interne** Kommunikation (Mitarbeiter, Eigentümer)

Abb. 7.1 Unterschiede zwischen Missionen und Visionen

geprägt. Das in den USA übliche Denkmuster, sich als Unternehmen oder vermögende Privatperson für die Gesellschaft einzusetzen („to give back to the society"), steht damit in engem Zusammenhang.

In der Unternehmenspraxis und der relevanten betriebswirtschaftlichen Literatur existieren verschiedene Konzepte von **Unternehmensleitbildern**. Eine gute Übersicht über verschiedene wissenschaftliche Ansätze zu diesem gerade in den 1980er und frühen 1990er Jahren viel diskutierten Konzept findet sich bei Matje (1996, S. 51 ff.).

Wir werden an dieser Stelle nicht weiter auf die einzelnen Forschungsansätze eingehen, sondern uns auf vier relevante Elemente beschränken:

1. Ein Leitbild ist ein *übergreifendes Konzept* der normativen Unternehmenssteuerung. Es hat die Funktion, Vision und Mission zu detaillieren und ist somit das Bindeglied zwischen den häufig sehr kurz formulierten Visionen und Missionen und der Strategie (vgl. Hauser und Brauchlin 2004, S. 79 ff.).
2. Neben Vision und Mission enthält ein Leitbild *zentrale Werte, Aktivitäten und Unternehmenszweck* (vgl. Müller-Stewens und Lechner 2011, S. 239).
3. Ein Leitbild hat Funktionen in der *unternehmensinternen Kommunikation* (Orientierung, Motivation) und soll die Unternehmenskultur prägen. Zugleich dient es der Darstellung des Unternehmens in der *Öffentlichkeit* (vgl. Hirt 2015, S. 3 ff.).
4. Unternehmensleitbilder sind *ausformuliert*. Gerade mittelständische Unternehmer haben eine klare Vorstellung davon, welche Ziele sie mit ihrem Unternehmen verfolgen, was der Geschäftszweck ist und wie sie und ihre Mitarbeiter sich nach außen verhalten sollen. Das wird von Kirsch und Knyphausen (1988, S. 490) als unternehmenspolitisches Rahmenkonzept bezeichnet. Erst durch die Formulierung wird es zum Leitbild.

Strategische Analysen des externen Umfeldes auf Mikroebene: die Branchenstrukturanalyse von Michael Porter

8

Der Prozess der strategischen Analyse beginnt üblicherweise im Unternehmensumfeld. Hierzu stehen uns verschiedene Methoden zur Verfügung, aus denen die für unseren Zweck geeignete ausgewählt werden kann. Wir können somit auch von einem Werkzeugkasten (Toolbox) sprechen. Dies impliziert, dass bei der Bearbeitung einer strategischen Fragestellung nicht jede dieser Methoden verwendet wird. Gleich einem Handwerker suchen wir uns das für unser Thema beste Werkzeug (Tool) heraus.

Wir werden uns an dieser Stelle auf zwei bekannte Methoden konzentrieren, die inzwischen zu den Klassikern des strategischen Managements gehören. Kurz nachdem 1983 Michael Porters Wettbewerbsstrategie. Methoden zur Analyse von Branchen und Konkurrenten erschienen war, entstand ein weiteres für die strategische Unternehmenssteuerung relevantes Konzept: Hatte sich Porter auf die Dynamik der Branche (Mikroumfeld) konzentriert, lag der Fokus von Fahey/Narayanan in ihrem 1986 erschienenen Buch *Macroenvironmental Analysis for Strategic Environment* auf der Analyse des Makroumfeldes.

Porters Verständnis von Strategien fasst er wie folgt zusammen:

> Die Formulierung einer Wettbewerbsstrategie besteht wesentlich darin, ein Unternehmen in Beziehung zu seinem Umfeld zu setzen. Obwohl das relevante Umfeld sehr weit ist (es umfasst sowohl soziale als auch ökonomische Kräfte), liegt sein Kern aus der Sicht des Unternehmens in der Branche (oder den Branchen), in der (beziehungsweise denen) es konkurriert. Die Branchenstruktur beeinflusst in starkem Maße sowohl die Spielregeln des Wettbewerbs als auch die Strategien, die dem Unternehmen potentiell zur Verfügung stehen (Porter 2013, S. 37).

Zur Analyse der Branchenstruktur definiert Porter fünf Triebkräfte: Wettbewerber in der Branche, potenzielle neue Konkurrenten, Ersatzprodukte, Verhandlungsstärke der Lieferanten und der Abnehmer (2013, S. 38 ff.). Diese Faktoren werden im Folgenden näher erläutert. In jeder Branche und in jeder historischen Situation werden andere Wettbewerbskräfte relevant. Anhand aktueller Beispiele soll hier der „zeitlose Porter" auf unsere heutige Welt des digitalen Wandels übertragen werden.

8.1 Definition einer Branche

Vor der Untersuchung der fünf Wettbewerbskräfte sollte jede Strategieanalyse mit einer Definition des Gegenstands der Untersuchung starten, in diesem Fall der Abgrenzung der Branche. Michael Porter definiert eine Branche „als eine Gruppe von Unternehmen, die Produkte herstellen, die sich gegenseitig nahezu ersetzen können" (Porter 2013, S. 40). An dieser Stelle geht er auf die Frage ein, wie eng ein spezifisches Branchensegment definiert sein sollte. Dabei plädiert er für eine möglichst klare (enge) Abgrenzung der Branche.

Was dies heißt, kann anhand der Autoindustrie erläutert werden:

- Für einen BMW 7er ist ein Fiat 500 kein direktes Ersatzprodukt, ebenso wenig wie ein SUV oder ein Audi A4. Diese sprechen andere Zielgruppen bzw. andere Kundenbedürfnisse an. Eine Analyse der Wettbewerber von BMWs 7er-Reihe bezieht sich deshalb auf das Marktsegment „Automobile der Luxusklasse".
- Aus heutiger Sicht könnte zum Beispiel gefragt werden, ob ein Elektroauto von Tesla einen BMW 7er ersetzen könnte. Mit der zunehmenden Reichweite der Elektroautos kann dies in Zukunft wahrscheinlich bejaht werden. Diese bieten die gleichen Annehmlichkeiten an wie Autos mit Verbrennungsmotoren.
- Anders ist dies jedoch beim Car-Sharing. Dies ist ein typischer Fall für ein Substitutionsprodukt, von dem die Automobilindustrie aber indirekt profitiert, zumindest solange dies nicht zum dominierenden Trend wird, sondern eher einen zusätzlichen Absatzkanal darstellt.

8.2 Rivalität unter den bestehenden Unternehmen

Rivalität äußert sich nach Michael Porter (2013, S. 54 ff.) in Maßnahmen eines Unternehmens, seine Wettbewerbsposition zu verbessern, die normalerweise zu Gegenmaßnahmen der Konkurrenten führen. Typische Aktionen sind Preissenkungen oder aggressive Rabattierungen, aber auch die Einführung neuer Produkte. Viele dieser Maßnahmen führen zur Reduktion der Margen im Wettbewerb.

Einfluss auf den Grad der Rivalität haben nach Porter (2013, S. 54 ff.) folgende Faktoren: Die Rivalität ist tendenziell höher, wenn es innerhalb der Branche *viele Wettbewerber* gibt. Branchen mit weniger Wettbewerbern tendieren dagegen dazu, gemeinsam Regeln des Wettbewerbs zu definieren und sich an diese zu halten. Zudem steigt die

8.2 Rivalität unter den bestehenden Unternehmen

Rivalität mit der *Höhe der Austrittsbarrieren*, da damit trotz Konkurrenz- und Margendruck weniger Wettbewerber die Branche verlassen. Hohe Austrittsbarrieren liegen vor allem vor, wenn Geschäftsfelder innerhalb eines Konzerns quersubventioniert werden. Dafür gibt es viele Gründe: Festhalten an dem Ursprungsgeschäft eines Unternehmens aus symbolischen Gründen, Aufbau von neuen Geschäftsfeldern mit Anfangsverlusten oder starke Synergien zwischen Geschäftsfeldern.

Auch beschäftigt sich Michael Porter mit der Frage nach dem Einfluss der *Homo- oder Heterogenität des Wettbewerbs* auf die Wettbewerbsintensität:

> Wettbewerber, die sich in Bezug auf Strategie, Herkunft, Persönlichkeiten und Beziehungen zu Ihren Konzernen unterscheiden, haben verschiedene Ziele und Strategien für ihr Wettbewerbsverhalten und können dadurch kontinuierlich in Konflikt zueinander geraten. Es fällt ihnen oft schwer, die Absichten der jeweils anderen zu verstehen und sich über die ‚Spielregeln' der Branche zu einigen.... Ausländische Wettbewerber erhöhen oft die Heterogenität der Branche, weil sie von anderen Bedingungen ausgehen und häufig abweichende Ziele haben (Porter 2013, S. 57).

Diese Passage bietet aus heutiger Sicht einen guten Anhaltspunkt um darzustellen, wie sich die Wirtschaftswelt in den letzten Jahren verändert hat:

Porter geht von der Annahme aus, dass ein heterogener Wettbewerb zu Missverständnissen führt. Dies ist allerdings heutzutage nicht mehr der entscheidende Faktor. Vielmehr verstehen Unternehmen die Spielregeln in den Branchen sehr gut, aber setzen sie bewusst und absichtlich außer Kraft. Diese Veränderung der Spielregeln ist gerade in den letzten Jahren eines der entscheidendsten Themen in der praktischen und theoretischen Beschäftigung mit Strategien geworden. Der englische Begriff *Game Changer* ist ein Modewort, das aber durchaus positiv besetzt ist. Es hat unterschiedliche Konnotationen:

Unternehmen, die ihre Branche fundamental verändern. In diesem Zusammenhang wird häufig von „disruptiven" oder „radikalen" Innovationen gesprochen. Diese zeichnen sich durch signifikante Änderungen am Geschäftsmodell aus und resultieren aus „der Einführung oder Anwendung neuer Technologien, die einen technologischen Durchbruch bedeuten" (Picot et al. 2012, S. 476). Hinter diesem Konzept steht das Werk des Vertreters der Harvard Business School Clayton Christensen (1997) *The Innovator's Dilemma: When New Technologies Cause Great Firms to Fall.*

Innovative Persönlichkeiten, die in der Lage und willens sind, Spielregeln zu verändern. Diese werden derzeit in Literatur und Praxis regelmäßig nahezu verherrlicht, auch in bisher eher konservativen Institutionen. Die von Gruner & Jahr herausgegebene Zeitschrift *Business Punk* ist dafür ein Beispiel. Ein anderes ist der vom Manager Magazin und der traditionell konservativen Unternehmensberatung Bain & Company seit 2011 verliehene *Game Changer Award* an Unternehmenschefs, die die Spielregeln ihrer eigenen Branche ändern. Dieser Trend kommt aus den USA. Schon 2008 stellte der langjährige CEO von Procter & Gamble A.G. Lafley das Buch über seine Managementphilosophie unter den Titel *The Game Changer* (Lafley und Charan 2008). Querdenken ist also in unserer Zeit wieder gefragt und wird sogar verlangt.

Ein gutes Beispiel für einen *Game Change* ist die kostenlose Bereitstellung von Filmen und Musik für Amazon Prime Kunden. Das Ziel ist es, die Gewinnung von Prime Kunden gerade bei jüngeren Zielgruppen stark zu forcieren. Ein Prime Kunde ist für Amazon sehr wertvoll, da dieser im Durchschnitt deutlich höhere jährliche Bestellmengen hat als andere Kunden. Somit nutzt Amazon das Streaming von Filmen und Musik als Kundenbindungsprogramm für sein Restgeschäft. Apple mit seinen Angeboten iTunes und Apple-TV befindet sich in einer strategischen Falle. Für ein sinnvolles Angebot von kostenlosem Streaming fehlen die positiven Verbundeffekte. Ohne dies verliert das Unternehmen unweigerlich Marktanteile.

Zum letzten Satz der Passage („Ausländische Wettbewerber erhöhen oft die Heterogenität der Branche, weil sie von anderen Bedingungen ausgehen und häufig abweichende Ziele haben", Porter 2013, S. 57) kann aufgeführt werden, dass ein Unternehmen nicht dadurch zu einem *Game Changer* wird, weil es aus dem Ausland kommt, sondern weil es eine andere Unternehmenskultur hat. Beispielsweise Amazon hat nicht deshalb die Spielregeln der Buchbranche und später anderer Branchen verändert, weil es amerikanisch ist. Es ist ein Unternehmen der Internetwirtschaft, das mit den Regeln der sogenannten „New Economy" groß wurde: aggressiver, schneller, strategischer, zahlenorientierter und visionärer zu sein als die etablierten Anbieter. Die Grenzen laufen nicht zwischen In- und Ausland, sondern zwischen traditioneller und neuer Unternehmenskultur:

8.3 Substitutionsprodukte

Ein Unternehmen muss sich nach Porter nicht nur mit der direkten Konkurrenz durch den etablierten Wettbewerb beschäftigen, sondern auch mit sogenannten Substitutions- oder Ersatzprodukten. Porter (2013, S. 60 f.) nennt hier vor allem materielle Substitutionsprodukte wie den Ersatz von Zucker durch Maissirup.

In unserer heutigen Welt der digitalen Transformation ist die Frage nach Substitutionsprodukten sehr relevant und stellt sich noch einmal ganz neu. Strukturelle Veränderungen spielen sich in fast allen Branchen ab. Die Grundfrage ist hier häufig eine eher abstrakte: „Brauchen wir eigentlich noch…..?". Hier haben sich vier verschiedene Trends im Laufe der Zeit abgelöst (vgl. Abb. 8.1):

Trend 1: Die Substitution eines physischen durch ein immaterielles Produkt
Diese Form der Substitution hat heute schon einen fortgeschrittenen Entwicklungsstand. Die Digitalisierung erfolgt häufig in zwei Schritten: Die Ablösung von analogen durch digitale Produkte innerhalb der existierenden Branchenstruktur und später eine radikale Veränderung des Wettbewerbsumfeldes.

Das grundlegende Produkt, gekennzeichnet durch einen konkreten Kundennutzen, bleibt an sich erhalten. Es wird häufiger sogar wichtiger für den Konsumenten, allerdings in einer anderen Form. Musiklabels mit ihren Produkten von der Schallplatte bis zur CD spielen in den jüngeren Generationen nicht mehr die gleiche Rolle wie früher. Stattdessen

8.3 Substitutionsprodukte

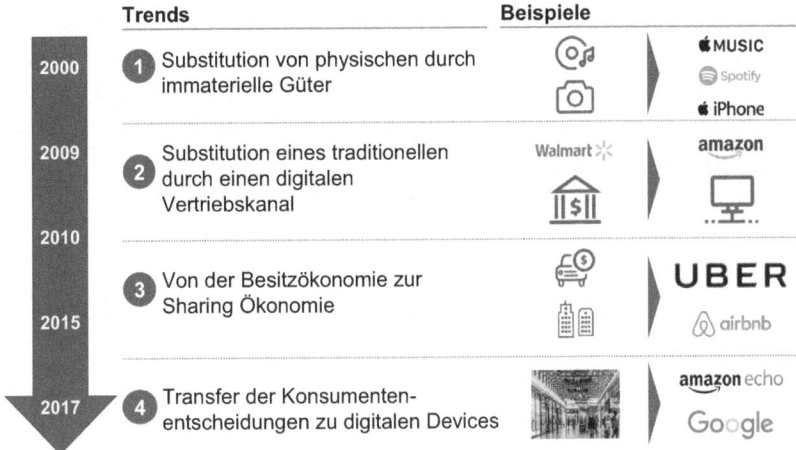

Abb. 8.1 Phasen der Substitution im Digitalisierungsprozess

gibt es Streaming-Dienste wie Spotify. Trotzdem hört die junge Generation nicht weniger Musik als früher. Allein das Medium hat sich verändert.

Die traditionelle Fotobranche hat zuerst mit der digitalen Fotografie das Medium verändert und löst sich mit dem Siegeszug der Smartphones endgültig auf. Trotzdem fotografieren Menschen deutlich mehr als früher. Nur profitieren andere Unternehmen davon, wie zum Beispiel Apple, Samsung oder Snapshat.

Trend 2: Substitution eines traditionellen durch einen digitalen Vertriebskanal
Die größten Veränderungen betreffen die Einzelhandelsbranche. Viele traditionelle Einzel- oder Versandhandelsunternehmen wurden durch Internethändler ersetzt. Es bleibt abzuwarten, welche Veränderungen es geben wird, wenn sich der dreidimensionale Digitaldruck durchsetzt, mit dem nicht nur der Vertrieb, sondern auch die Logistik digitalisiert wird. Welche Unternehmen werden davon profitieren?

Einen ähnlichen Trend durchläuft die Finanzbranche. Im ersten Schritt werden Filialbanken schrittweise durch Onlinebanking ersetzt. Der Kundennutzen bleibt gleich. Die nächste logische Frage lautet: „Wozu brauchen wir eigentlich noch eine Bank, wenn wir bald nur noch digital bezahlen und unser Geld online anlegen?" Daraus sind sogenannte „Fintech Unternehmen" entstanden (vgl. Chishti und Barberis 2016).

Trend 3: Von der Besitzökonomie zur Sharing oder Access Economy
Brauchen wir noch traditionelle Statussymbole wie ein eigenes Auto oder ein Ferienhaus oder gibt es dafür nicht „Car-Sharing" und „Flat-Sharing"? Hier stellt sich die grundsätzliche Frage, ob Konsumenten Produkte alleine besitzen möchten oder ob es reicht, diese zu teilen.

Die Ursprünge des dahinterstehenden Konzepts der „Share Economy" oder „Sharing Economy" implizieren, dass die sozial motivierte Freude am Teilen im Vordergrund steht. Nicht nur die offensichtlich betriebswirtschaftlich motivierte Vorgehensweise von Anbietern wie Uber und Airbnb stellt diese Annahme infrage. Auch statistische Studien zeigen den Vorrang des Arguments der Kosteneinsparung (vgl. Hamari et al. 2016). Deswegen könnte der Begriff der *Access Economy* hier angebrachter sein (vgl. Eckhardt und Bardi 2015).

Trend 4: Die Weitergabe der Konsumentenentscheidungen in die digitale Welt
Die nächste Stufe der Substitution ist die der Konsumentenentscheidungen an sich. Mit der Einführung des „Internets der Dinge" wird die Autonomie des Konsumenten zumindest zum Teil an Künstliche Intelligenz (KI) weitergegeben (vgl. Anderson 2013 und McEwen und Cassimally 2013). Müssen wir noch einkaufen, wenn dies unser Kühlschrank direkt übernehmen kann? Was bedeutet das für die betroffenen Branchen?

Die Beschäftigung mit diesen Themen ist sehr wichtig für ein Unternehmen, um strategisch richtig zu agieren. Ehemals große Gesellschaften wie Quelle oder Agfa existieren unter anderem deswegen nicht mehr, weil sie nicht rechtzeitig in neue Geschäftsfelder investiert haben. Die Deutsche Post dagegen konnte sich trotz ihres sterbenden Stammgeschäfts im Bereich Brief über den Aufbau von DHL positiv entwickeln. Aber auch im Mittelstand gibt es gute Beispiele wie den auf Analogdruck spezialisierten Fotodienstleister CEWE, der rechtzeitig den Absprung in das digitale Fotobuchgeschäft geschafft hat.

8.4 Potenzielle neue Wettbewerber

Es bestehen heutzutage deutlich größere Überschneidungen zwischen den beiden Elementen der Branchenstrukturanalyse *neue Wettbewerber* und *Substitutionsprodukte* als in den frühen 1980er Jahren zur Zeit der Entstehung von Michael Porters Hauptwerk. In den 1970er und frühen 1980er Jahren kamen neue Wettbewerber zumeist aus verwandten Branchen (Diversifikation) oder anderen Ländern (internationale Expansion). Sie brachten etwas mit, was existierende Wettbewerber nicht hatten, beispielsweise Kapital, Absatzkanäle oder niedrigere Lohnkosten. Porter (2013, S. 42) nennt den Kauf von Miller Bier durch den Tabakkonzern Philipp Morris als Beispiel einer solchen Diversifikation. Typisch für den Fall der internationalen Expansion ist der Vorstoß der japanischen Autohersteller in die USA und Europa in den 1970er Jahren unter Nutzung ihrer Lohnkostenvorteile.

Heutzutage sind die am meisten gefürchteten neuen Wettbewerber Unternehmen, die gleichzeitig einen spezifischen Zugang zu Kundendaten, digitalem Know-how und Kapital besitzen und somit die digitale Transformation als Vorreiter gestalten können. Der erste erfolgreiche Einstieg in den Automobilmarkt durch einen Branchenfremden ist mit Tesla schon erfolgt, allerdings unter Nutzung einer neuen Technologie. Das gleiche

8.4 Potenzielle neue Wettbewerber

könnte für andere Unternehmen der amerikanischen Westküste gelten. Ist dies nun ein Substitutionsprodukt oder ein neuer Wettbewerber?

Um die ursprüngliche Systematik von Porter nicht aufzubrechen, sollen neue Wettbewerber hier als *diejenigen Unternehmen definiert werden, die in ein bereits existierendes Geschäft eintreten.* Elektroautos existierten schon lange vor der Einführung des Tesla Roadsters 2006. Historisch waren sie die Vorgänger der Autos mit Verbrennungsmotoren im 19. Jahrhundert und wurden ab den 90er Jahren des 20. Jahrhunderts revitalisiert. Tesla ist lediglich Pionier im neuen Segment „Luxus Elektroautos", das die beiden Kundenbedürfnisse ökologisches Bewusstsein und Prestigedenken kombiniert. Da die *Segmente Elektroautos* und *Autos mit Verbrennungsmotoren* spätestens mit den Hybridmotoren als ein Markt zu sehen sind, ist Tesla aus Sicht von BMW, Mercedes oder Audi ein neuer Wettbewerber in der Luxusklasse.

Hätte das Phänomen Tesla durch eine rechtzeitige Investition in die Entwicklung und Vermarktung von Elektroautos aus Sicht der deutschen Luxusautohersteller verhindert werden können? Genau hier setzt Michael Porter an. Der Aufbau von Markteintrittsbarrieren ist entscheidend, um neue Wettbewerber zu verhindern. Nach Porter (2013, S. 41 ff.) gibt es sieben wichtige Arten von Eintrittsbarrieren:

Betriebsgrößenersparnisse („Economies of Scale")
Wenn ein Markteintritt nicht über eine Akquisition erfolgt, hat ein neuer Wettbewerber naturgemäß nach seinem Start nur eine geringe Absatzmenge, die er dann erst schrittweise steigert. Er kann somit Größenvorteile („Economies of Scale") nicht realisieren, die auf verschiedenen Gebieten der Wertschöpfungskette anfallen, von Verwaltung über Vertrieb bis hin zur Produktion.

In diesem Zusammenhang ist zunächst auf die begriffliche Unterscheidung zwischen *Economies of Scale* und *Economies of Scope* hinzuweisen. Dazu folgt eine Definition des bekannten Wirtschaftshistorikers Alfred D. Chandler, der Economies of Scope mit „Economies of Joint Production" umschreibt:

> Economies of scale may be defined initially as those that result when the increased size of a single operating unit producing or distributing a single product reduces the unit cost of production or distribution. Economies of joint production or distribution are those resulting from the use of processes within a single operation unit to produce or distribute more than one product. (I use the increasingly popular term „economies of scope" to refer to these economies of joint production or distribution) (Chandler 2004, S. 17).

Chandler weist an dieser Stelle darauf hin, dass ein Unternehmen seine Wettbewerbsposition am besten dann aufrechterhalten könne, wenn es systematisch das Konzept der *Economies of Scope* verfolge (vgl. Chandler 2004, S. 17). Auch andere Autoren folgen diesem Gedankengang und stellen heraus, dass das Konzept der *Economies of Scope* besser geeignet sei für unser Zeitalter des „flexiblen Unternehmens", das durch Agilität, flexible Produktion und Netzwerkdenken gekennzeichnet sein sollte (vgl. Friedli 2005).

Beide Konzepte artikulieren ein Phänomen, das zeitlos ist und somit auch noch heute gilt. Bei der Einführung einer neuen Marke gibt es zunächst eine kleine Gruppe von sogenannten *Frühadoptoren*, die das Produkt testen, bevor es einen Zulauf im Massenmarkt bekommt (vgl. Rogers 2003). Gibt es hierfür Gegenbeispiele? Hier fällt natürlich der schnelle Siegeszug von Apple nach der Einführung des IPhone im Mobilfunkmarkt im Jahr 2007 ein. Aber dieser wurde nur möglich durch eine Form der *Economies of Scope*, der Erweiterung der Mac Computertechnologie und des Abspielgerätes IPod durch ein Mobilfunkgerät.

Produktdifferenzierung
Hierunter versteht Michael Porter (2013, S. 44) weniger die Anzahl der Produkte als den Aufbau von Käuferloyalität, die die Kunden dazu bringt, den Wert der etablierten Marken höher einzuschätzen als den von neuen Marken. In Porters Welt ist *Differenzierung* eine auf Qualität und Markenimage abzielende generische Wettbewerbsstrategie.

In unserer Zeit ist die Bedeutung von Markenloyalität umstritten. Einerseits ist im E-Commerce der nächste Internetshop nur einen Click entfernt, wodurch automatisch die Loyalität sinkt. Aber mit der erhöhten Angebotsvielfalt nimmt zugleich die Bedeutung der Marke zu. Je mehr die Konsumenten sich zu verlieren drohen, umso bedeutender wird die „Navigations- oder Orientierungsfunktion starker Marken" (Schmidt 2015, S. 9). Marken schaffen somit Identität (vgl. Meffert et al. 2002).

Kapitalbedarf
Markteintritte kosten Geld: Der Punkt des Break-Even wird häufig erst nach einigen Jahren erzielt. Dies ist besonders der Fall in Branchen mit einem hohen Fixkostenanteil, zum Beispiel Infrastrukturbranchen wie Energie oder Telekommunikation oder Branchen mit einem hohen F&E Aufwand wie der Pharmaindustrie.

Aber auch hier gibt es viele Gegenbeispiele für Unternehmen, die ohne hohen Kapitalbedarf in einen Markt eintreten: von dem kleinen Biotechnologie Unternehmen, das sich auf eine Erfindung konzentriert, bis zu Mobilfunk Discountern ohne eigenes Netz. Gerade durch die Internettechnologie unter Nutzung von Plattformen wie Amazon können auch Anbieter von Nischenprodukten ohne großes Vertriebsnetz und mit verhältnismäßig geringem Kapital ihre Produkte anbieten.

Umstellungskosten
In vielen Branchen, wie zum Beispiel der Informationstechnologie, ist dies ein wichtiges Argument. Nachdem sich ein Unternehmen für eine Software wie SAP entschieden hat, ist der Wechsel auf einen neuen Softwareanbieter sehr schwierig. Das gleiche gilt im privaten Bereich, wenn sich der Konsument für Anbieter wie Apple entscheidet, bei dem die Geräte wie ein miteinander vernetztes „Ökosystem" voneinander abhängig gemacht wurden.

8.4 Potenzielle neue Wettbewerber

Zugang zu Vertriebskanälen
Existierende Unternehmen besitzen laut Porter bestehende Vertriebsbeziehungen, zu Einzelhandel, Großhandel oder zu den verantwortlichen Einkäufern in den Unternehmen. Um diese zu erschließen, muss ein neues Unternehmen einen klaren USP haben, aber auch größere Anfangsinvestitionen tätigen. Diese sind dann jedoch niedriger, falls das Unternehmen bereits ähnliche Produkte an die gleichen Abnehmer vertreibt. Konsumgüterunternehmen tun sich zum Beispiel leichter, mit ihrem Vertriebsteam in neue Marktsegmente einzutreten als ein komplett Branchenfremder.

Wenn die Eintrittsbarrieren zu hoch seien, muss ein „Unternehmen einen völlig neuen Vertriebskanal schaffen [..], um sie zu überwinden" (Porter 2013, S. 46). Heutzutage ist der neue Vertriebskanal das Internet, sodass Eintrittsbarrieren aus dem Vertrieb häufig geringer sind, als dies noch vor 20 Jahren der Fall war.

Größenunabhängige Kostennachteile
Diese liegen laut Porter (2013, S. 46 ff.) vor allem in der mangelnden Erfahrung eines Unternehmens, aber auch im Fehlen von spezifischen Patenten oder Produkttechnologien. Dies ist insoweit größenunabhängig, als es auch Nischenunternehmen möglich ist, aufgrund von Erfahrung und/oder spezifischer Technologie Eintrittsbarrieren aufzubauen. Viele *Hidden Champions,* gerade im deutschen Mittelstand, zeigen dies immer wieder (vgl. Simon 2012).

Staatliche Politik
Staatliche Politik ist die siebte Eintrittsbarriere nach Porter (2013, S. 58 f.), vor allem in vielen aufstrebenden Industrienationen. Das wohl bekannteste Beispiel dafür ist China. Aber auch in Deutschland gibt es solche Barrieren, zum Beispiel in der Reglementierung im Pharmahandel. Dieser Aspekt wird weiter unten (9) ausgeführt.

Bei der **Anwendung** der Wettbewerbsanalyse auf praktische Fallstudien liegt es nahe, in drei Stufen zu denken: Im ersten Schritt müssen Unternehmen den Kreis der potenziellen neuen Wettbewerber definieren. Welche Unternehmen oder Investoren hätten Interesse und die Ressourcen, die Eintrittsbarrieren zu überwinden? Erst dann erfolgt deren Screening entlang der sieben Kriterien. Zuletzt müssen Strategien entwickelt werden, um einen potenziellen Eintritt zu verhindern. Mit Bezug auf den ersten Schritt gibt es drei verschiedene Arten von neuen Konkurrenten (Abb. 8.2):

Internationale Wettbewerber, die heute schon in ihren Märkten die Produkte vermarkten, über genügend Kapital verfügen und durch digitale Vertriebswege einen schnellen Eintritt erreichen können: Dies gilt besonders, wenn innerhalb der EU oder auch weltweit Importbeschränkungen und Zölle reduziert oder abgeschafft werden. Der Eintritt des chinesischen Internetgiganten Alibaba in Europa mit Aliexpress ist ein solches Bedrohungsszenario für europäische Konsumgüterhersteller und -händler.

„**Digital Champions**" wie Google oder Amazon, die aufgrund von Kapital, Kundendaten sowie digitalem Know-how in etablierte Märkte eindringen und dabei von Anfang an neue Regeln definieren: Für Google stehen beim Automobil der Zukunft nicht Motor

Abb. 8.2 Typen neuer Wettbewerber

und Karosserie im Vordergrund, sondern die künstliche Intelligenz der Mobilität, zu dem es sich durch Google Maps und Google Earth einen privilegierten Zugang geschaffen hat. Die größte Bedrohung für Unternehmen wie Rewe oder Edeka kommt derzeit nicht von einer erstarkten Konkurrenz, wie es die lange andauernde Diskussion um die Übernahme von Kaiser's-Tengelmann suggerierte, sondern vom Lebensmittelangebot des Onlinegiganten Amazon.

Diversifizierte Unternehmen aus benachbarten Branchen, die häufig über Akquisitionen den Weg in die Branche finden: Dies ist ein typisches Muster in Konsumgütermärkten, bei denen der Zugang zum Einzelhandel sehr wichtig ist. Ein typisches Beispiel, wie sich ein Unternehmen durch schrittweise Akquisitionen in vielen ähnlichen Marktsegmenten entwickeln konnte, ist der erfolgreiche Reinigungsmittelhersteller Reckitt Benckiser. Dieser entstand aus einem kleinen Ludwigshafener Chemieunternehmen und ist in den letzten 20 Jahren zu einem hochprofitablen, weltweit aktiven Konzern aufgestiegen (vgl. Freytag 2010).

8.5 Verhandlungsstärke von Kunden

Michael Porter (2013, S. 61 ff.) führt eine Reihe von Faktoren auf, die zur Verhandlungsstärke von Kunden gegenüber den Lieferanten führen und damit bei einer Veränderung dieser Machtverteilung zu Chancen bzw. Risiken für das betroffene Unternehmen. Die aus Sicht des Autors wesentlichen Faktoren sollen hier in drei Bereichen zu einer Systematik zusammengefasst werden, die eine gute Basis für praktische Analysen von Geschäftskunden, Privatkunden oder Händlern bietet:

8.5 Verhandlungsstärke von Kunden

Konzentration der Abnehmer im Vergleich zum Verkäufer
Grundsätzlich verbessert sich die Verhandlungsposition mit der Anzahl der Alternativen. Das gilt für beide Seiten: Wenn wenige Anbieter vielen Abnehmern gegenüber stehen, steigen die Preise tendenziell. Umgekehrt sind marktdominante Abnehmer in der Lage, Preise zu drücken, insbesondere falls auf der Gegenseite eine mittelständische Anbieterstruktur besteht.

Auf den deutschen Lebensmitteleinzelhandel bezogen, stellte Westphal (1991, S. 43 ff.) bereits 1991 fest, dass eine starke Marktmacht der Einzelhändler gegenüber insbesondere mittelständischen Lieferanten bestand. Seitdem hat sich die Konzentration noch einmal deutlich verschärft, zuletzt mit der Auflösung von Kaiser's-Tengelmann. Im Jahre 2014 vereinten die größten vier des deutschen Lebensmitteleinzelhandels Edeka, Rewe, Aldi und Lidl mehr als 85 % des Branchenumsatzes. 1999 waren es dagegen acht große Unternehmen, die einen Marktanteil von nur 70 % hatten (vgl. Bundeskartellamt 2014, S. 9 f.). Somit besteht heute eine starke Marktbeherrschung, was auch in vergleichbaren Ländern wie Frankreich und England nicht anders ist (vgl. Schlippenbach und Pavel 2011, S. 5 ff.).

Die Modebranche ist dagegen traditionell auf der Abnehmerseite weniger konzentriert, droht sich aber mit der zunehmenden Marktmacht von E-Commerce Unternehmen und dem damit einhergehenden Rückgang der ursprünglich mittelständischen Struktur des Einzelhandels zu verändern. Eine mögliche Antwort darauf ist es, dass sich mittelständische Unternehmen in Netzwerken zusammenschließen, wie dies zum Beispiel schon in der Touristik-Branche mit Kooperationen wie „Kinderhotels" der Fall ist (vgl. Knop 2007). Diese bildet ein Gegengewicht gegen große Touristikunternehmen und die Austauschbarkeit auf Internetplattformen.

Im Allgemeinen hat der Siegeszug des Internet als Vertriebs- und Kommunikationskanal zwar einerseits die Lage der Lieferanten tendenziell verbessert, da sie leichter Kunden aus neuen Ländern gewinnen können. Auf der anderen Seite führt die digitale Transformation natürlicherweise zu einer Konzentration unter den bisherigen Anbietern, da kleinere oder technologisch weniger affine Wettbewerber den digitalen Wandel häufig nicht überleben. Auch hat die Macht der Endkunden mit der verbesserten Transparenz deutlich zugenommen.

Bedeutung der Produkte für den Abnehmer
Porter (2013, S. 63) argumentiert, dass Produkte, die für den Käufer weniger relevant sind, auch nicht so stark dem Preiswettbewerb unterliegen. Das war in den 1980er Jahren, als Porter seine Thesen entwickelt hat, richtig, hat sich aber heute geändert:

Für den Einkauf in **Unternehmen** sind traditionell häufig sogenannte C-Artikel (z. B. Büromaterial, spezifische Ersatzteile) außerhalb des Fokus. Allerdings haben viele größere Firmen dies erkannt und hierfür eigene Verantwortlichkeiten innerhalb des Einkaufs geschaffen. Diese nutzen auch internetbasierte EProcurement-Lösungen. Dabei werden mehrere Lieferanten einbezogen, sodass der Druck auf die Preise steigt (vgl. Wannenwetsch 2014, S. 37 ff.).

Auch bei **Endkunden** profitieren viele Einzelhändler davon, dass an oder vor der Kasse Mitnahmeartikel gekauft werden, das Pendant zu C-Artikeln bei Unternehmen. Hierbei handelt es sich um eher günstige Produkte und Impulskäufe, die vor dem Besuch des Geschäfts nicht geplant waren und durch die Präsentation am Point of Sale (POS) ausgelöst werden (vgl. Baun 2003, S. 10 ff.). Durch die Kombination des niedrigeren Warenwertes und des Impulsmechanismus werden Preise nicht mehr verglichen. Die Margen der jeweiligen Anbieter sind daher auf diesem Gebiet sehr hoch und kompensieren für den Händler den starken Preiswettbewerb bei Produkten mit einem hohen Warenwert wie Computern oder Möbeln.

Trotz großer Transparenz durch das Internet nehmen diese Impulskäufe nicht an Bedeutung ab. Der als *Cross-Selling* bekannte Verkauf von Zusatzprodukten ist auch bei Online Händlern schon lange üblich. Der Marktführer Amazon macht dies vor, aber auch Unternehmen der Otto Gruppe, die bereits im klassischen Katalogversandhandel die Effizienz von Cross-Selling gelernt haben. Wenn die entsprechenden Produkte aufgrund des individuellen Fits zum Kundenbedürfnis angeboten werden, keinen großen Erklärungsbedarf haben und die Präsentation nicht zu aufdringlich ist, ist dies auch häufig erfolgreich (vgl. Haufe 2016).

Einfache Ersetzbarkeit der Produkte und Lieferanten
Porter (2013, S. 63 f.) geht auf verschiedene Faktoren ein, die hier unter dem Begriff der *einfachen Ersetzbarkeit der Produkte* subsumiert werden. Das betrachtete Unternehmen hat eine schlechtere Verhandlungsposition gegenüber seinen Kunden, wenn folgende Fälle eintreten:

- Die Produkte des Lieferanten unterscheiden sich nicht von denen anderer Anbieter, sind also *nicht differenziert*. Der englische Begriff der *Commodity* steht für leicht austauschbare Produkte und Services und hat sich inzwischen im deutschen Sprachraum etabliert. Traditionell werden darunter Produkte wie Getreide, Stahl oder Öl verstanden, bei denen es per se keine relevanten Qualitätsunterschiede gibt. Der Begriff wird jedoch zunehmend in Fällen verwendet, bei denen Anbieter keine klare *Unique Selling Proposition (USP)* haben und die Austauschbarkeit daher hoch ist. Der Verkauf von Markencomputern über das Internet oder der Abschluss eines Mobilfunkvertrags haben zum Beispiel den Charakter einer *Commodity*. Im Geschäftskundenbereich sind dies Dienstleistungen wie Druck, Logistik oder Callcenter. Die Herausforderung für Unternehmen besteht dabei, durch *Commodity-Marketing* ihre Produkte von anderen zu differenzieren (vgl. Enke et al. 2014, S. 4 ff.).
- Zur Ersetzbarkeit trägt auch bei, wenn die Kunden sehr gut über Produkte und Preise *informiert* sind. Diese erhöhte Transparenz wird natürlich erleichtert, wenn Produkte wenig differenziert und dadurch leichter vergleichbar sind, wobei diese beiden Fälle in Porters Analyse im engen Zusammenhang stehen. Dies gilt für Geschäftskunden, die sich durch standardisierte Ausschreibungen einen Überblick über den Markt verschaffen. Endkunden nutzen Preisvergleichsseiten, um sich Transparenz zu verschaffen (vgl. Bretschneider et al. 2015, S. 43 ff.).

- Dass der Wettbewerb durch die Art und die Höhe der *Umstellungskosten* beeinflusst wird, ist eine Tatsache, die Porter schon, wie oben ausgeführt, im Zusammenhang mit Markteintrittsbarrieren für neue Wettbewerber ausgearbeitet hat. Umstellungskosten spielen aber auch eine Rolle bei den Verhandlungen zwischen Lieferanten und Abnehmern. Lieferanten sind leichter ersetzbar, wenn keine oder nur geringe Umstellungskosten vorliegen.
- Wenn Abnehmer glaubhaft mit einer *Rückwärtsintegration* drohen können, dann steigt schließlich laut Porter ihre Verhandlungsmacht. Porter (2013, S. 62 f.) nennt hier das Beispiel der Automobilindustrie, bei der häufig mit der Drohung verhandelt wird, einen Teil der heutzutage stark ausgelagerten Produktion wieder ins Unternehmen zu integrieren. Eine andere typische Branche ist der Einzelhandel, der durch das Angebot von eigenen Handelsmarken Markenlieferanten unter Druck setzt und so strategisch herausfordert (vgl. Kumar und Steenkamp 2007).

8.6 Lieferantenmacht

Die bei der Analyse der Kunden verwendeten Kriterien Konzentration, Bedeutung und Ersetzbarkeit werden von Porter (2013, S. 64 ff.) auch bei der Analyse der Lieferanten angewandt. Es geht um die strukturelle Analyse einer Verhandlungsposition, für die es klare Kriterien gibt. Diese werden wir im Einzelnen nicht auflisten, sondern auf die Ausführungen zum Thema *Verhandlungsstärke von Kunden* verweisen.

Es ist an dieser Stelle jedoch wichtig, den Begriff *Lieferant* zu definieren. Hierunter werden nicht nur Unternehmen gefasst, die physische Vorprodukte für vom Kunden gefertigte Autos, Kleidung oder Maschinen liefern. Auch Anbieter von Dienstleistungen, zum Beispiel im Marketing oder in der Logistik, fallen hier mit hinein.

Porter (2013, S. 67) subsumiert darunter auch *Arbeitskräfte*. Dieser Ansatz ist sehr hilfreich, da in einigen Unternehmen externe Dienstleister durch Outsourcing Funktionen übernehmen, die in anderen Unternehmen von Mitarbeitern wahrgenommen werden (z. B. Callcenter, Logistik, Strategieberatung, Buchhaltung, IT). Verhandlungen mit wichtigen Mitarbeitern sind häufig ähnlich schwierig und für den Unternehmenserfolg relevant wie mit externen Dienstleistern. Umgekehrt hat das Management nicht nur die Mitarbeiter zu motivieren, sondern auch die Dienstleister und Lieferanten. Letztlich muss das Unternehmen als Arbeitgeber für Mitarbeiter und als Partner für Lieferanten attraktiv sein (vgl. Mortensen et al. 2010, S. 97 f.). Andernfalls droht es, wichtige Ressourcen zu verlieren oder durch Demotivation („innere Kündigung") suboptimale Ergebnisse zu erzielen. Dies gilt natürlich vor allem für Lieferanten, mit denen das Unternehmen in engen Geschäftsbeziehungen steht.

Ein typisches Beispiel für die Lieferantenmacht in der digitalisierten Welt ist die Position von Google und zunehmend von Facebook im Onlinemarketing. Aber auch IT-Dienstleister haben eine sehr gute Verhandlungsposition, wenn ein Unternehmen sich einmal auf Ihr Know-how und die von ihnen beherrschten Produkte eingelassen hat.

Das gleiche gilt für wichtige Mitarbeiter. Nicht umsonst ist häufig eine der wesentlichen Kriterien für die Standortwahl eines Unternehmens, dass qualifizierte Arbeitnehmer und damit potenzielle Mitarbeiter vor Ort sind. Silicon Valley ist um die Stanford University und den attraktiven Wohnort San Francisco entstanden. Die Start-up Szenen in München und Berlin profitieren von attraktiven Lebensbedingungen und einer Vielzahl an Universitäten.

Eine besondere Art der Lieferantenmacht ist der in der Zeit der digitalen Transformation intensivierte Konflikt von Markenherstellern und Einzelhändlern. Marken wie Adidas verfolgen eine klare Strategie, ihre eigenen Retail- und Online-Vertriebskanäle zu stärken (vgl. Adidas 2016, S. 59 f.).

9 Makroanalysen des Unternehmensumfeldes: PEST-Analyse

Fahey und Narayanan entwickelten 1986 in *Macroenvironmental Analysis for Strategic Environment* das bekannte PEST-Konzept. Der Begriff setzt sich zusammen aus vier englischen Termini: „Political" (Politisch), „Economic" (Wirtschaftlich), „Sociological" (Sozio-kulturell) und „Technological" (Technologisch).

Ein anderer, in diesem Zusammenhang häufig gebrauchter Begriff ist *STEP*, inhaltlich gleich mit *PEST*, aber mit einer besseren Konnotation. Das Konzept wurde später ergänzt durch die beiden Faktoren „Legal" (L) und „Environmental" (E), sodass häufig auch von dem *PESTLE-Konzept* (manchmal *PESTEL*) gesprochen wird (vgl. z. B. Huber 2016, S. 67). Diese Erweiterung ist jedoch nicht unbedingt notwendig. Es bietet sich an, rechtliche Faktoren unter „Politik" zu subsumieren. Umweltfaktoren können unter „sozio-kulturell" gefasst werden, wenn sie Einstellungen der Konsumenten betreffen oder unter „Politik", wenn es um Umweltgesetze geht.

Ob PEST, PESTLE oder andere Abwandlungen verwandt werden, hängt häufig von der Branche oder Situation ab. In den meisten Fällen genügt es, mit dem PEST-Konzept zu arbeiten und dieses nach Bedarf an die spezifische Situation anzupassen. Welche Fragen sich ein Unternehmen stellen muss, wenn es eine PEST-Analyse vollzieht, sei im Folgenden beispielhaft erläutert.

9.1 Politische Faktoren („Political")

Die Ausgangsfrage ist, welchen Einfluss die politischen Institutionen eines bestimmten Landes auf eine spezifische Branche ausüben. Dies ist normalerweise besonders für ausländische Wettbewerber relevant, da sich diese im Gegensatz zu lokalen Unternehmen bewusst für den Markteintritt entscheiden und die lokalen Gegebenheiten erst analysieren müssen.

Politischer Einfluss kann über Gesetze erfolgen, aber auch durch Einzelfallentscheidungen von Behörden oder Gerichten. Die Liste der Beispiele aus Sicht der deutschen Unternehmen ist lang: In den USA kämpfen ausländische Wettbewerber immer wieder mit den für sie ungewöhnlich hohen Strafen bei Gesetzesvorstößen. In Schwellen- und Entwicklungsländern ist der Umgang mit der Bürokratie ein deutliches Hindernis für ausländische Konzerne, gerade wenn sie andere Anforderungen an die sogenannte *Compliance* haben als lokale Wettbewerber. Darunter ist die Einhaltung von jeweils relevanten gesetzlichen Bestimmungen und unternehmensinternen Richtlinien zu verstehen, die in Deutschland im *Deutschen Corporate Governance Kodex* festgehalten werden (vgl. Wecker und Galla 2013, S. 21). Das gilt für viele Länder. Im Gespräch sind aber hier zumeist die größeren Auslandsmärkte wie China oder Russland (vgl. Krause 2016; Stucken und Senff 2015).

Auf der anderen Seite stellen Deutschland und auch die EU im internationalen Vergleich hohe Anforderungen an Daten-, Verbraucher- oder Umweltschutz, die viele ausländische Wettbewerber nicht so leicht erfüllen können. Ein Beispiel dafür ist die Diskussion zwischen den USA und der EU über die rechtlichen Standards für gentechnisch veränderte Produkte, bei der die europäischen Normen aus Sicht der USA Protektionismus darstellen (vgl. Ochs und Schaper 2005, S. 244).

Die schon seit 2013 andauernden Verhandlungen über das geplante Freihandelsabkommen zwischen der EU und den USA *TTIP* haben in Deutschland zu einer kontroversen öffentlichen Diskussion geführt (vgl. Hoffmeister 2015; Bode und Scheytt 2015). Ob es dazu kommt und welche Konsequenzen dies in den einzelnen Branchen hat, ist ein gutes Beispiel für die Bedeutung von politischen Entscheidungen für die Strategieanalyse von international agierenden Unternehmen.

Innerhalb der EU sind viele Besonderheiten aufgehoben worden, die ausländische Unternehmen behindern. Beispiele dafür sind die strengen Bestimmungen im Rahmen des deutschen Reinheitsgebots oder potenziell die Preisbindung für Medikamente (vgl. Tauber 2016).

9.2 Ökonomische Faktoren („Economical")

Hier stehen die volkswirtschaftlichen Faktoren im Mittelpunkt der Analyse. Dazu zählen Kennzahlen wie das *Bruttoinlandsprodukt (BIP), das BIP pro Kopf,* aber auch Faktoren wie der *Wechselkurs* der lokalen Währung, die *Arbeitslosenrate* oder die Löhne und Lohnnebenkosten. Betrachtet werden der Status quo im Vergleich zu anderen Ländern, die bisherige und die Prognosen für die zukünftige Entwicklung.

Diese Analysen sind vor allem für die Internationalisierungsstrategie von Unternehmen wichtig. Gerade in jungen Internetunternehmen werden bei Strategiesitzungen einfache Raster angelegt, um Potenziale einzelner Länder für die Auslandsexpansion zu ermitteln. Zum Beispiel erfolgt eine Priorisierung von Ländern auf Basis der Größe der Wirtschaft (BIP), der Kaufkraft (BIP pro Kopf), des Wachstums und der Stabilität des

Währungskurses, häufig in Ergänzung zu branchenspezifischen Faktoren wie der Verbreitung des Internets. Im ersten Schritt mag dies eine geeignete Herangehensweise sein. Diese muss jedoch durch tiefere Analysen zum Beispiel zum Wettbewerb, der Kaufkraft in den Zielgruppen und der politischen Stabilität ergänzt werden. Danach ergeben sich häufig andere Resultate.

Ein gutes Beispiel dafür, dass sich die politischen Rahmenbedingungen und die ökonomischen Faktoren häufig schwer trennen lassen, ist Russland. Es stand aufgrund seiner Größe und der hohen Wachstumsraten von ca. 4 % p. a. in der Zeit zwischen 2010 und 2013 sehr stark im Fokus der Expansion deutscher Unternehmen. Aber die Bedingungen für das Russlandgeschäft haben sich mit den politischen Krisen seit 2014 deutlich verändert. Infolgedessen ging das BIP in 2015 um fast 4 % zurück. Zugleich verlor der Wechselkurs seit Mitte 2013 konstant an Wert, von 40 auf zeitweise 90 EUR je Rubel Anfang 2016, um dann mit den anziehenden Ölpreisen ab Oktober 2016 wieder auf 70 EUR zu steigen. Für ausländische Investoren und insbesondere Exporteure sind dies sehr schwierige ökonomische Konditionen, die zusammen mit einem schwer einzuschätzenden politischen Umfeld die Attraktivität des Standortes deutlich verringern (vgl. Statista 2016; Schütt 2016).

9.3 Sozio-kulturelle Faktoren („Sociological")

Hier stehen die Fragen sowohl nach den *quantitativ-demografischen* Faktoren als auch nach *Werten und deren Wandel* im Vordergrund. Während der erste Punkt vor allem bei Internationalisierungsstrategien relevant ist, spielt der zweite sowohl international als auch lokal eine wesentliche Rolle. (vgl. Abb. 9.1).

Soziokulturelle Faktoren haben quantitative (demographische) und qualitative (Werte, Kulturen) Komponenten

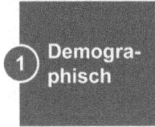
① Demographisch

- Vergleich Bevölkerung und Bevölkerungswachstum
- Einkommensverteilung (z.B. gemessen nach Gini Koeffizient)
- Altersstruktur und Einkommensverteilung pro Altersgruppe

Insbesondere interessant für Internationalisierungsstrategien

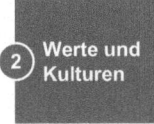
② Werte und Kulturen

- Vergleich von Kulturen zwischen Ländern
- Innerhalb eines Landes: Ausrichtung der Strategie auf Produkte, die zu neuen Wertetrends passen (z.B. ökologisch)

Interessant sowohl für internationale als auch lokale Strategien

Abb. 9.1 Soziokulturelle Faktoren in der PEST-Analyse

Demografische Faktoren

Bevölkerung und Bevölkerungswachstum Es ist offensichtlich, dass Märkte mit einer großen und wachsenden Bevölkerung attraktiver sind als kleinere Märkte. Dies gilt natürlich nur mit der Einschränkung, dass ein starkes Bevölkerungswachstum häufig zu sozialen Problemen und Unruhen führen kann.

Einkommensverteilung Bei der Analyse von Potenzialen für Markteintritte ist es wichtig, nicht nur die Größe der Bevölkerung oder das durchschnittliche BIP pro Kopf zu berücksichtigen, sondern auch die Größe einer Zielgruppe mit einem ausreichenden Einkommen. Dafür ist die Verteilung des Einkommens ebenfalls bedeutend.

Eine relevante Größe zur Messung der Verteilung des Einkommens in einem Land ist der sogenannte Gini-Koeffizient, der von dem italienischen Soziologen und Statistiker Corrado Gini (1884–1965) entwickelt wurde.

Ein typisches Beispiel für die Bedeutung dieses Kriteriums ist die – trotz ihrer geringen Größe – hohe Attraktivität der skandinavischen, der BENELUX oder der mittelosteuropäischen Länder wie Slowenien, der Slowakei oder Tschechien als Absatzmärkte für deutsche Unternehmen. Dies liegt an der räumlichen und kulturellen Nähe, der EU-Zugehörigkeit und der hohen politischen Stabilität. Hinzu kommt aber auch ein relativ hohes BIP pro Kopf, das sehr gleichmäßig über die Bevölkerung verteilt ist. Tschechien hat zum Beispiel nicht nur inzwischen ein klar höheres BIP pro Kopf als die bevölkerungsmäßig vergleichbaren Länder Griechenland und Portugal. Gemäß seines Gini-Koeffizienten ist es weltweit eines der Länder mit einem am gleichmäßigsten verteilten Einkommen, während die beiden vorgenannten Länder hier im Mittelfeld liegen (vgl. Central Intelligence Agency 2016a, b).

Altersstruktur Neben der Einkommensverteilung spielen noch andere demografische Kriterien eine Rolle für die Strategieentwicklung. Länder wie Iran oder die Türkei gelten mit einem Anteil der unter 24-jährigen an der Bevölkerung von ca. 40 % (vs. Deutschland ca. 23 %) für viele Unternehmen als strategisch sehr interessant (vgl. Central Intelligence Agency 2016c).

Einkommensverteilung pro Altersklasse Eine andere quantitative Analyse besteht aus der Kombination der beiden Faktoren Einkommensverteilung und Altersstruktur: In Ländern wie Deutschland hat das Alterssegment zwischen 55 und 75 einen überproportionalen Anteil am Einkommen und Vermögen der Bevölkerung (vgl. Niehues 2015). Diese Altersgruppe wird in der Marketingsprache häufig als *Golden Ager* oder *Best Ager* bezeichnet und gilt als attraktive Zielgruppe (vgl. Helm et al. 2012). Unter dem Begriff *Silver Surfer* gilt dies auch für Onlinemarketing und E-Commerce (vgl. Fittkau und Harms 2011).

In den osteuropäischen Ländern hat diese Generation dagegen einen deutlich geringeren Anteil an Einkommen und Vermögen als das Segment zwischen 25 und 55 Jahren.

9.3 Sozio-kulturelle Faktoren („Sociological")

Dies ist dadurch zu erklären, dass diese Gruppe von der Transformation von einem kommunistischen in ein kapitalistisches System deutlich mehr profitiert hat als die zur Zeit der Wende bereits ältere Generation. Für Marketingstrategen hat dies die klare Konsequenz, dass in Osteuropa ein starker Fokus auf Produkte für Zielgruppen zwischen 25 und 55 besteht.

Die Bedeutung von Werten
Die Beschäftigung mit kulturellen Werten ist besonders bei internationalen Unternehmen ein fundamentaler strategischer Erfolgsfaktor. Für Unternehmen, die lokale Kulturen nicht verstehen und daran scheitern, gibt es viele Beispiele. Aber auch auf den Heimatmärkten ist das Verständnis von Werten und ihrem Wandel elementar für die Entwicklung und Vermarktung von Produkten (vgl. Holt 2004).

Was sind Werte? Eine typische Definition aus der deutschsprachigen Managementliteratur ist die von Balderjahn und Scholderer (2007, S. 122):

> Werte sind durch soziales Lernen erworbene, innerhalb einer bestimmten Kultur von vielen geteilte (shared values), wenige und relativ stabile Einstellungen zu wünschenswerten, anzustrebenden Lebens- und Verhaltensformen....

Ein gutes Beispiel für wertebasiertes Konsumentenverhalten in westlichen Ländern bietet das Segment *Lifestyle of Health and Sustainability (LoHa)*. Dem gehört eine Gruppe von Menschen an, die sich durch ein überdurchschnittliches Einkommen und Bildung auszeichnen und denen Werte wie Gesundheit, Nachhaltigkeit und Fair Trade wichtig sind, allerdings ohne auf die Annehmlichkeiten eines bürgerlichen Lebens zu verzichten. Diesem Segment sind in Deutschland ca. 20 % der Bevölkerung zuzurechnen (vgl. Bruhn 2012, S. 546).

Der Begriff *LoHa* kommt ursprünglich aus den USA und ist dort beeinflusst durch ein soziales Phänomen, das David Brooks im Jahr 2000 in seinem Werk *Bobos in Paradise – The New Upper Class And How They Got There* (Brooks 2001) beschreibt. Mit dem Begriff *Bobo* etikettiert er die Kombination aus dem Lebensstil des materialistischen und statusorientierten *Bourgeois* mit dem post-materialistischen *Bohemien*, der die Ziele Freiheit, Individualität, und Nachhaltigkeit verfolgt. Diese Zielgruppe wird in den USA auf ungefähr 5 % der Bevölkerung geschätzt, die jedoch über ein deutlich überproportionales Einkommen verfügt. Ein Großteil davon besteht aus gut gebildeten Bewohnern der Ost- und Westküste. Das Phänomen beschäftigt seit der Jahrtausendwende Marketingstrategen, zum Beispiel unter dem Stichwort *Cultural Branding* (vgl. Holt 2004, S. 77 ff.).

Die hohe Popularität der Marke Tesla in den USA und zunehmend auch in der oberen Mittelschicht in Deutschland kann aus der Typologie dieser beiden Segmente *Bobo* und *LoHa* erklärt werden. Das gleiche gilt zum Beispiel auch für hochpreisige Hotels mit ökologischem Anspruch oder der Bereitschaft eines Teils der Bevölkerung, für biologisch zertifizierte Produkte des täglichen Bedarfs einen deutlichen Aufschlag zu bezahlen. Bio-Supermärkte sind auf dieser Basis stärker geworden.

Ein Vorgänger dieser Entwicklungen war die mit den Werken von Ronald Inglehart berühmt gewordene *Postmaterialismusthese* (vgl. Inglehart 1977, 1998). Grundlegend für sein Werk sind *Mangel- und Sozialisationshypothese* (vgl. Knörle 2011, S. 68 f.; Rössel 2011, S. 722 ff.):

Mangelhypothese Historisch vollzieht sich seit dem frühen 19. Jahrhundert ein Wandel von den vorindustriellen über die industriellen zu postindustriellen Gesellschaften. Dabei wurden entlang der Bedürfnispyramide von Abraham Maslow (vgl. Maslow 1954) neue, höherrangige Bedürfnisse erst dann relevant, wenn der *Mangel* an anderen, niederrangigen gedeckt war. In postindustriellen Gesellschaften besteht das Bedürfnis nach Sicherheit und materiellen Werten nicht mehr so stark und lässt somit mehr Raum für die Befriedigung des Drangs nach Selbstverwirklichung.

Sozialisationshypothese Entscheidend für die individuellen Präferenzen ist die Sozialisation in Kindheit und Jugend. Generationen, die in Deutschland in der Kriegs- und Nachkriegszeit aufgewachsen sind, wurden durch diese Zeit geprägt, obwohl sie später in einer sicheren und ökonomisch besseren Welt lebten.

Gemäß der Postmaterialismusthese sind heute Selbstverwirklichung, die Vereinbarung von Beruf und Privatleben sowie ethisches Handeln wichtige Determinanten für Berufs- und Konsumentscheidungen. Dieser Postmaterialismus ist die Grundlage für die Entstehung der oben beschriebenen Kundensegmente der *Bobos* und *LoHas*.

Der Postmaterialismus in Deutschland ist stark verbunden mit der Generation der *Baby Boomer*, geboren von 1946 bis Mitte der 60er Jahre und aufgewachsen in einer Zeit des ökonomischen Aufschwungs. Diese Generation prägte das Ökologiebewusstsein in Deutschland und gehört heute zu den kaufkräftigsten Zielgruppen.

Die Beschäftigung mit der nachfolgenden *Generation X (Geburt Mitte der 60er bis Ende 70er)*, der *Generation Y* (auch *Millenials* genannt, 1980–1996) und der nachfolgenden *Generation Z* gehört zur Standardausbildung jedes marktorientierten Strategen. Hier sei auf die Werke von Ritchie (1995) zur Generation X und van den Bergh und Berer (2016) zu den Generationen Y und Z hingewiesen.

9.4 Technologie

Technologien und technologischer Wandel gehören in dieser Zeit zu den elementaren Fragestellungen der Strategieanalyse. Im Rahmen von PEST-Analysen werden sie auf zweierlei Weise untersucht: länderübergreifend und länderspezifisch.

Länderübergreifender Einfluss der neuen Technologien
Hier stellen sich die Fragen welches relevante Technologien sind, wie stark sie dem Wandel unterliegen und welche Konsequenzen daraus für die Unternehmensstrategie zu ziehen sind.

Was hat die digitale Revolution bislang bewirkt und was wird sie in Zukunft bewirken? Welche neuen Wettbewerber, welche potenziellen Substitutionsprodukte werden mithilfe des Internet auftauchen? Diese Fragen gelten zunächst länderübergreifend. In vielen Fällen ist der Einsatz von neuen Technologien von lokalen Spezifika unabhängig.

Länderspezifischer Einfluß neuer Technologien
Allerdings gibt es auch viele lokale Spezifika. Wenn ein Unternehmen die Attraktivität des Eintritts in einen weiteren Markt untersucht, kommt sehr schnell das Kriterium der *Internetpenetration* ins Spiel. In Nordamerika (89 %) und in nord-westeuropäischen Ländern wie Deutschland (88 %), Großbritannien (92 %) oder den Niederlanden (96 %) stellt diese keine Hürde für ein erfolgreiches Geschäft mehr da. Aber auch in Europa gibt es Länder wie Italien (62 %) und die Ukraine (43 %), die erheblich vom europäischen Durchschnitt (74 %) abweichen. Noch größere Unterschiede gibt es in Asien: von 91 % in Japan, über 52 % in China, 37 % in Indien bis hin zu 18 % in Pakistan (vgl. Internetworldstats 2016).

Internetpenetration ist nicht nur für E-Commerce und Onlinemarketing relevant. Die Vertrautheit mit dem Medium Internet hilft auch bei der Kommunikation mit Mitarbeitern und Partnern.

Zum Kriterium Technologie gehört auch die wichtige Frage nach der *Infrastruktur* in einem Land. Wie gut ausgebaut sind die Transportwege, um über Land Produkte effizient transportieren zu konnen? Wie gut ist die Qualität der Straßen, der Eisenbahnen, der Transporte per Schiff und Flugzeug? Wie ist die Verkehrssituation in den Hauptstädten, die in Schwellenländern den Versand von Waren deutlich erschwert?

Dies gilt natürlich insbesondere für vom Transport abhängige Branchen wie E-Commerce, Handel, Touristik oder Logistik, aber auch für die produzierende Industrie. Zudem stellt sich ein Unternehmen bei der Auslagerung von Teilen der Produktion sehr schnell die Frage nach der Zuverlässigkeit der Reimporte und der Einbindung in die weltweite Supply Chain.

9.5 Grundsätzliche Beurteilung der PEST-Analyse

Die PEST-Analyse ist keine Stichtagsbetrachtung, die sich auf den Status quo beschränkt. Sie zielt vielmehr darauf ab, die relevanten Umweltfaktoren zu identifizieren, ihren derzeitigen Status zu analysieren, die Entwicklung zu prognostizieren und daraus Schlüsse zu ziehen (vgl. Fahey und Narayanan 1986, S. 36 ff.).

Häufig wird der Prognose-Teil von PEST-Analysen auch mit der Konzeption von Szenarien verbunden. Dies bietet sich gerade in unserer Zeit an, da aufgrund einer hohen Komplexität und Dynamik schwer abzuschätzen ist, wie sich Umweltfaktoren entwickeln (vgl. Johnson et al. 2011, S. 81 ff.). Wer kann genau die politische Entwicklung in Ländern wie Iran, der Türkei oder Russland vorhersehen, entlang aller Branchen? In welche Richtung werden sich die südeuropäischen Länder dauerhaft wirtschaftlich entwickeln? Wie werden sich die rechtlichen Bedingungen für Plattformen wie Uber in Europa verändern? Welche Technologien werden in 10 Jahren möglich sein, wenn man zum Beispiel an die Entwicklung der Künstlichen Intelligenz (KI) im Haushalt denkt? In all diesen Fällen gibt es verschiedene Szenarien, die einander gegenübergestellt werden müssen.

Im Vergleich zwischen Makroanalysen und den oben aufgeführten Branchenstrukturanalysen gibt es natürlich Überschneidungen. Teil der Eintrittsbarrieren bei Michael Porter sind politische Faktoren, das „P" der PEST-Konzepte. Besonders die derzeit relevanten technologischen Entwicklungen spielen in beiden Fällen eine signifikante Rolle, in der Branchenstrukturanalyse durch das Auftreten von neuen Wettbewerbern und Substitutionsprodukten, in den PEST-Analysen im Faktor „T".

Wann eine PEST-Analyse, wann die Branchenstrukturanalyse und wann beide das beste Instrument für eine strategische Analyse des Marktumfeldes sind, hängt von der jeweiligen Situation ab. PEST-Analysen eignen sich nach Ansicht des Verfassers besonders in zwei Fällen:

Frage nach einem Markteintritt oder Rückzug aus einem ausländischen Markt Gerade in Deutschland sind viele Konzerne und große Teile des traditionellen Mittelstandes bereits heute sehr international aufgestellt. Start-ups denken häufig von Anfang an international. Der Internetvertrieb macht ihnen schnelle Expansion möglich. Aber welchen, auch persönlichen Risiken unterliegt die Geschäftsführung eines Unternehmens, das Ende des Jahres 2016 einen Einkauf oder Vertrieb in der Türkei aufbaut? Was sind die sozio-kulturellen und rechtlichen Besonderheiten in China? Welche Datenschutzgesetze gelten beim Versand von Emails in andre Ländern? Welche Umweltschutzgesetze müssen in den USA beachtet werden? Wie ist der Status und welche Entwicklung ist absehbar oder möglich? Das alles sind Fragen, die Makroanalysen besonders beim Eintritt in neue Märkte erfordern.

Bewertung von (internationalen) Unternehmen Als zweites sind Makroanalysen hilfreich, wenn ein Unternehmen im Rahmen einer Akquisition zu bewerten ist (vgl. Seppelfricke 2012, S. 257 ff.), insbesondere wenn es sich um international aktive Unternehmen handelt. Welche Risiken geht der Käufer ein, wenn er das Unternehmen erwirbt? Auf welchen Szenarien beruhen diese?

In jedem Fall bieten sich Makroanalysen als Ergänzung zur Branchenstrukturanalyse von Porter an. Hier geht es häufig darum, den Horizont zu öffnen und die richtigen Fragen zuzulassen. Dazu verhilft die Kombination beider Perspektiven.

10 Strategische Analysen von internen Faktoren

Eine umfassende Beurteilung der strategischen Situation eines Unternehmens kann nur erfolgen, wenn neben den externen Faktoren dessen Stärken und Schwächen analysiert werden. Dabei stellen sich einige „W-Fragen", wie z. B.:

- Welche Ressourcen hat ein Unternehmen?
- Was können unsere Mitarbeiter und Manager besonders gut, auch im Vergleich zum Wettbewerb?
- Welche speziellen Kernkompetenzen hat unser Unternehmen?

Strategische Entscheidungen sind per se auf die Zukunft und den Aufbau von Erfolgspotenzialen ausgerichtet. Diese Richtungsentscheidungen können jedoch nicht nur auf Basis der Analyse der Entwicklung von Märkten und Branchenstrukturen getroffen werden. Sie müssen auch einbeziehen, wofür das Unternehmen heute steht. Wenn nur externen Trends gefolgt wird, ohne die eigene Identität zu betrachten, verliert ein Unternehmen diese und damit seine Zukunftsfähigkeit sehr schnell. Dies folgt der populären Einsicht: *Wer stets in den Spuren von jemand anders geht, kann ihn niemals überholen.* Wie soll eine Otto-Gruppe jemals Amazon überholen? Sie kann nur einige gute Dinge kopieren, aber zugleich dem Kunden gegenüber ihre traditionellen Vorteile ausspielen. Der einzig gangbare Weg ist, externe Trends und Best Practices mit eigenen Stärken zu verbinden.

In der modernen Strategieliteratur wird diese Einsicht seit den 1990er Jahren häufig mit dem Postulat der Kombination des „Market Based View" (externe Analyse) mit dem „Resource Based View" (interne Analyse) verbunden. Der „Resource Based View", also die Hinwendung zu internen Faktoren, beruht konzeptionell auf den Werken der McKinsey-Berater Peters und Watermann (1982) mit ihrem 7-S-Ansatz und dem amerikanischen Managementtheoretiker Gary Hamel (vgl. Hamel und Prahalad 1990) mit seinen Überlegungen zu Kernkompetenzen. Beide Ansätze werden im Folgenden thematisiert. Darüber hinaus werden Stärken-Schwächen-Analysen als Basisinstrument der internen Analysen vorgestellt.

10.1 Der 7-S-Ansatz nach Peters/Watermann

Als erster bedeutender Versuch, die aufblühende Disziplin des Strategischen Managements um Konzepte anzureichern, die über die Beschäftigung mit der marktfokussierten Strategie hinausgehen, kann der 7-S-Ansatz gelten. Vor dem Hintergrund des Erfolges japanischer Unternehmen in den 1960er und 1970er Jahren bildete die Strategieberatung McKinsey 1977 eine interne Forschungsgruppe, die sich sowohl konzeptionell als auch organisatorisch mit der Breite der strategischen Erfolgsfaktoren eines Unternehmens beschäftigte. Das Kerninteresse war begründet durch die Hypothese, dass mehr dazu gehört, ein Unternehmen auf den langfristigen Erfolgspfad zu bringen, als eine neue Struktur oder Strategie zu beschließen (vgl. Peters und Waterman 2003, S. 25). Strategische Unternehmenssteuerung geht über die marktorientierte Strategie hinaus und beinhaltet sieben Kriterien: *Struktur, Strategie, Systeme, Selbstverständnisse, Spezialkenntnisse, Stil, Stammpersonal* (vgl. Abb. 10.1).

Diese „*7S*" waren die konzeptionelle Basis für eine umfangreiche empirische Studie, bei der die Forschungsgruppe 62 amerikanische Unternehmen verschiedener Branchen auf Erfolgsfaktoren hin untersuchte (vgl. Peters und Waterman 2003, S. 25, 32 und 42 ff.). Die Ergebnisse wurden erstmalig 1980 im Artikel „Structure is not Organization"

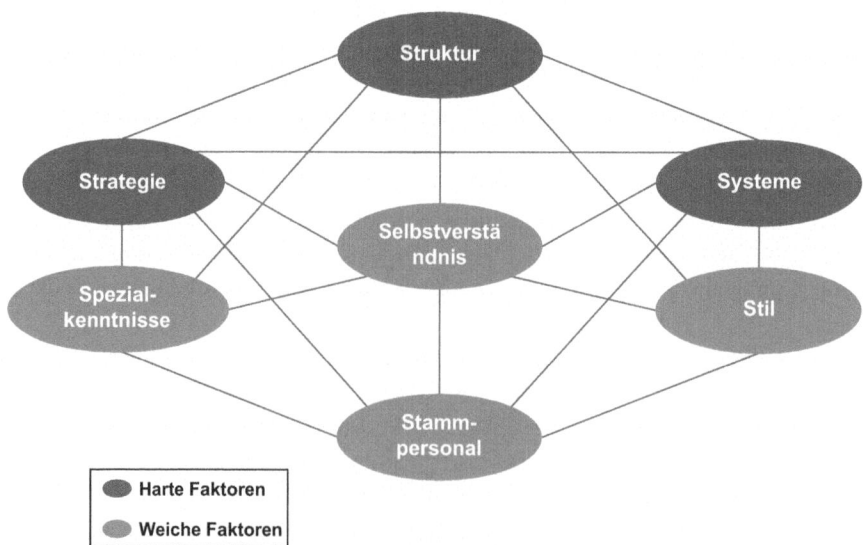

Abb. 10.1 Das 7-S-Konzept (eigene Abb., mit Bezug auf Peters und Waterman 2003)

10.2 Analyse von Kernkompetenzen nach Hamel/Prahalad

	Status quo (2017)	Strategisches Ziel (2020)
Selbstverständnis	Internationaler Qualitätsführer in der Branche, basierend auf Produkt- und Service Qualität	Bleibende Qualitätsführerschaft, aber basierend auf kundenspezifischen Angeboten
Strategie	Internationale Präsenz mit Händler-Vertrieb, Innovationsführer bei Produkten/ Services	Zusätzlicher Kundenkontakt via CRM und E-Commerce, Innovationsführer im Internet of Things (IoT)
Spezialkenntnisse	Exzellente Produktion, R&D und After-Sales Service, starker B2B Vertrieb	Zusätzliche Kompetenzen in CRM & E-Commerce, plus IoT Anwendungsentwicklung
Struktur	Traditionelle Organisationsstruktur	Kontinuität in der Struktur, aber zusätzliche digitale Einheiten
Systeme	Vor allem Festgehälter, keine Job Rotation	Zusätzliche variable Gehälter, Job Rotation dezentral/ zentral
Stammpersonal	Gut ausgebildete deutsche Manager, traditionell	Starke Internationalisierung des Managements, zusätzliche digitale Kompetenzen
Stil	Konservativer Stil, hohe Mitarbeiterorientierung	Kontinuität im mitarbeiterorientierten Stil, aber Abbau von Hierarchien

Abb. 10.2 Angewandtes 7-S-Konzept – Beispiel Konsumgüterunternehmen

(Waterman et al. 1980) und zwei Jahre später in dem Bestseller „In Search of Excellence" (Peters und Waterman 1982) veröffentlicht.

Dieser Ansatz bildet heute noch ein gutes Rahmenkonzept, um den Status einer Organisation von der internen Perspektive her zu analysieren, daraus Stärken und Schwächen abzuleiten sowie schließlich einen strategischen Handlungsbedarf herauszuarbeiten. Es eignet sich insbesondere für eine einfache und zugleich strukturierte Erfassung der Dimensionen des organisatorischen Wandels und bietet sich somit auch bei Projekten zur digitalen Transformation an. Dies sei in der Abb. 10.2 am Beispiel eines internationalen Konsumgüterunternehmens illustriert.

10.2 Analyse von Kernkompetenzen nach Hamel/Prahalad

Hamel/Prahalad haben das Denken in Kernkompetenzen in ihrem 1990 erschienenen Artikel in der Harvard Business Review *The Core Competence and the Corporation* wissenschaftlich eingeführt. Diese Denkrichtung beruht auf der Erkenntnis, dass für die Umsetzung einer Strategie notwendige Kompetenzen bzw. Ressourcen (z. B. Patente, Fertigungsverfahren, spezialisierte Mitarbeiter, Unternehmenskultur) nicht immer einfach zu kopieren sind. Mitarbeiter können somit nicht beliebig abgeworben, Patente nicht gekauft, Fertigungsverfahren nicht kopiert werden. Es bedarf zudem auch einer Kultur und Organisationsstruktur, die daraus ein Ganzes konstruiert. Der marktorientierte Ansatz in der Tradition von Michael Porter blendet dies jedoch aus und greift somit zu kurz. Er geht implizit davon aus, dass die Strategie eines Unternehmens sich aus der

Branchenstruktur ergibt und notwendige Ressourcen jederzeit bereitgestellt werden können (vgl. Fearns 2004, S. 2 ff.).

Im Gegensatz zu Porters Ansatz, der sich auf Geschäftseinheiten fokussiert, geht dieses Konzept über das Denken in einzelnen strategischen Geschäftseinheiten hinaus. Gerade in Zeiten des beständigen Wandels müssen häufig komplett neue Konzepte erarbeiten werden, gedacht von der Perspektive der Fähigkeiten von Unternehmensgruppen (vgl. Baum et al. 2013, S. 217).

Dies kann dann erfolgen, wenn Kernkompetenzen identifiziert worden sind, die vier verschiedene Kriterien erfüllen müssen:

Wertvoll, d. h. Kunden sind bereit, für ihre Nutzung einen entsprechenden Preis zu bezahlen. Dann verbessern sie die Wettbewerbsposition und ermöglichen es, die Stärken des Unternehmens auszuschöpfen und die Risiken der Umwelt zu minimieren. **Einzigartigkeit** schafft Differenzierungsvorteile gegenüber den Konkurrenten. **Schlechte Imitierbarkeit:** Kernkompetenzen dürfen durch Wettbewerber nicht oder nur zu hohen Kosten nachzuahmen sein. Nur dann lassen sich Kompetenzvorsprünge und daraus resultierende Wettbewerbsvorteile dauerhaft verteidigen. **Breite Nutzbarkeit:** Kernkompetenzen sind in mehreren Bereichen nutzbar, d. h. sie lassen sich auf neue Produkte und Problemlösungen übertragen (Dillerup und Stoi 2013, S. 270, in Anlehnung an Hamel und Prahalad 1997, S. 309).

Beispiele für die Nutzung von Kernkompetenzen sehen Sie in der Abb. 10.3.

Das Denken in Kernkompetenzen ist die Basis für schnelles und erfolgreiches Innovationsmanagement. Gerade für traditionelle Unternehmen ist es die beste Möglichkeit, gegenüber aggressiven Start-ups und internationalen Technologiefirmen zu bestehen. Deren Vorteile müssen bestmöglich kopiert und dann mit den traditionellen Kernkompetenzen des etablierten Unternehmens kombiniert werden. Zum Beispiel ist es jedem Handelskonzern zu raten, existierende Einkaufsbeziehungen, Kundenvertrauen/-datenbanken und die Vorteile des etablierten Vertriebsnetzes zu nutzen, um sich im verstärkten Wettbewerb zu behaupten.

Unternehmen	Beispiel
BMW	Produktion von Autos seit den 1920ern auf Basis der vorherigen Kompetenz beim Bau von Motoren für Flugzeuge und Motorräder
otto group	Entwicklung eines Inkasso- und Paketversandgeschäfts aus den Kernkompetenzen des Direktkunden- und Logistikgeschäfts im Katalogvertrieb
BERTELSMANN	Schrittweise Entwicklung der Arvato Dienstleistungsgruppe, auf Basis langjähriger Erfahrungen unter anderem im Buchclubgeschäft
Apple	Launch des iPhone, basierend auf den Kernkompetenzen Musik (iPod, iTunes) und Computer (Mac)
amazon	Cloud Geschäft, aus den IT Kernkompetenzen des Kerngeschäfts entwickelt

Abb. 10.3 Beispiele für die Nutzung von Kernkompetenzen

Auf der anderen Seite dürfen Unternehmen nicht nur in ihren bisherigen Kernkompetenzen denken. Handelsunternehmen versäumen es häufig, ihr Kerngeschäft digital zu transformieren und das notwendige neue Know-how im eigenen Haus aufzubauen. Stattdessen tendieren sie dazu, sich durch Venture Capital-Aktivitäten in der Start-up Szene zu bewegen, ohne das Know-how auf das Kerngeschäft zu übertragen. Oder die Unternehmen verlassen sich beim Aufbau ihres E-Commerce Geschäfts auf externe Logistik- und IT-Dienstleister mit hohen Kommunikations- und Transaktionskosten. Beides entspricht nicht dem Denken in Kernkompetenzen.

Jedenfalls ist der Zeitpunkt gekommen, in der neuen digitalen Welt Kernkompetenzen zu entwickeln und sich nicht nur auf die bisherigen zu konzentrieren. Dazu gehört es, Experten aus der E-Commerce Community einzustellen, als Geschäftsführer, Abteilungsleiter oder auch als Beiratsmitglieder (vgl. Heinemann 2016, S. 18 ff.).

10.3 Stärken-Schwächen-Analysen

Die Analyse der eigenen strategischen Stärken und Schwächen ist die Basis für die SWOT-Analyse. Einen Überblick über die Methodik gibt Abb. 10.4.

Wesentliche methodische Kriterien für eine sinnvolle Stärken-Schwächen-Analyse sind wie folgt:

Bezug auf Wettbewerber Stärken-Schwächen-Analysen sollten stets im Vergleich zu Wettbewerbern erfolgen. Die Definition des relevanten Wettbewerbs ist dabei entscheidend.

Abb. 10.4 Methodik der Stärken-Schwächen-Analyse

Es empfiehlt sich, nicht nur traditionelle Wettbewerber auszuwählen, sondern auch neue oder potenziell neue. Der Versandhändler Otto hatte nach der Insolvenz von Quelle 2009 und später Neckermann keinen bedeutenden Konkurrenten mehr auf dem Versandhandelsmarkt, bis der Shooting Star Zalando auftauchte, der letztlich von der durch die Insolvenz der ehemalige Otto-Konkurrenten entstandenen Lücke profitieren konnte (vgl. Seidel 2013). Erst 2012 reagierte Otto auf die neue Herausforderung durch die Strategie einer Zentralisierung seiner Kernkompetenzen (vgl. Manager Magazin 2012). Ein ähnliches Beispiel bietet die deutsche Automobilindustrie, die jahrelang die Gefahr von Tesla unterschätzt hatte und erst im Laufe der letzten Jahre einen Strategieschwenk unternahm.

Fokus auf strategische Stärken Ein häufiger Fehler im Zusammenhang mit der Ermittlung von Stärken und Schwächen ist die Orientierung an einer Momentaufnahme von Wettbewerbern. Strategisches Denken muss immer die nächsten potenziellen Schachzüge der Konkurrenten mit einbeziehen sowie Möglichkeiten und Wahrscheinlichkeiten von deren Umsetzung. Strategisches Handeln und Denken hat in Erfolgspotenzialen zu erfolgen. Wenn ein etablierter Autobauer heute noch kein schlagkräftiges Elektromodell auf den Markt gebracht hat, wie weit ist er dann davon entfernt? Zu den Schwächen von BMW gehört heute das Fehlen eines breiten Angebots von Elektroautos. Aber das heißt nicht, dass dies nicht in ein bis zwei Jahren zu kompensieren ist. Oder umgekehrt: Wenn Tesla heute noch kein Modell im Mittelklassesektor hat, ist das eine Schwäche oder ist das Modell in ein bis zwei Jahren genau rechtzeitig auf dem Markt? Auch ein Unternehmen, das heute eine überholte Webseite besitzt, hat zwar sicherlich einen kurzfristigen Nachteil, aber dieser ist nicht unbedingt strategischer Natur.

Hierzu ist es wichtig, sich die Kernkompetenzen der entsprechenden Unternehmen anzusehen und zu entscheiden, inwieweit diese eine strategische Stärke oder Schwäche darstellen. Zugleich sollte die Kultur eines Unternehmens berücksichtigt werden, hinsichtlich ihrer Entscheidungsfreude und Umsetzungsstärke. Wenn ein Unternehmen wie Amazon ankündigt, eine neue Kategorie oder einen neuen Service anzubieten, dann ist dies aufgrund der bisherigen Erfahrung sehr ernst zu nehmen. Dagegen waren die „E-Commerce-Offensiven" von vielen deutschen Großunternehmen eher Ankündigungen, die aufgrund der Trägheit der Kulturen nur langsam umgesetzt wurden.

Externe Perspektive In jedem Fall ist es elementar, eine externe Beobachterperspektive einzunehmen, gerade wenn das eigene Unternehmen analysiert wird (vgl. Kirsch 1992, in Bezug auf Habermas 1981). Dies ist nicht leicht: Nur allzu häufig werden Stärken verherrlicht und Schwächen heruntergespielt, gerade wenn es in der Kommunikation gegenüber Kollegen und Vorgesetzten opportun ist. In Krisensituationen ändert sich häufig die Situation mit der Folge eines allgemeinen Pessimismus.

Dafür sollten externe Akteure in den Analyseprozess mit einbezogen werden. Dies sind üblicherweise Unternehmensberatungen oder auch erfahrene Einzelpersonen, die als strategische Berater oder Beiräte für Unternehmen agieren. Wissenschaftliche Institutionen können Unternehmen helfen, ihre eigene Betriebsblindheit zu überwinden: Mitarbeiter, die schon lange in dem gleichen Unternehmen und häufig auch in der gleichen Position tätig sind, haben eine deutlich verringerte Neigung, neue Dinge auszuprobieren. Auch Informationen, die Innovationen betreffen, werden nur unzureichend bzw. verzerrt weitergegeben und verarbeitet, ein Phänomen, das gemäß dem amerikanischen Organisationssoziologen Harold Wilensky (1969) als Informationspathologie bezeichnet wird (vgl. Scholl 1992).

Als Methoden für den Aufbau von Stärken-Schwächen-Profilen eignen sich das oben beschriebene 7-S-Konzept und die Wertkette von Michael Porter (2013). Hieraus können Checklisten entwickelt werden, die klassische Funktionalbereiche (Einkauf, F&E, Logistik, Management, Marketing, Produktion, Service, Vertrieb), aber auch die 7S (z. B. Strategie, Struktur, Systeme) mit den engsten Wettbewerbern vergleichen (vgl. Müller-Stewens und Lechner 2011, S. 203 ff.).

11 Formulierung von Strategien für Geschäftsfelder

Es ist sinnvoll, Strategien für SGEs zunächst separat zu entwickeln. Dies bedingt auch eine jeweils andere strategische Analyse für jede dieser Einheiten. Dafür werden wir geeignete Methoden in Abschn. 11.1 bis 11.3 vorstellen. Parallel dazu und natürlich in gegenseitiger Abhängigkeit werden Strategien für die gesamte Unternehmensgruppe entwickelt, die in Kap. 12 als „Portfoliostrategien" erläutert werden.

11.1 Integration von internen und externen Analysen in der SWOT-Matrix

Es wurden zuvor die Analysen von externen Umweltfaktoren und internen Unternehmensstärken behandelt. Diese können im Rahmen einer *SWOT-Analyse* in eine Matrix aus *Stärken-Schwächen* (S – Strengths, W – Weaknesses) und *Chancen-Risiken* (O – Opportunities, T – Threats) integriert werden. Das hat einerseits den Vorteil der Übersichtlichkeit: Alle relevanten Einflussfaktoren finden sich in einer Matrix. Auf der anderen Seite können die beiden Dimensionen kombiniert und daraus *Normstrategien* abgeleitet werden. Somit ist diese Methode das verbindende Element zwischen der strategischen Analyse (Kap. 8 und 9) und der Strategieempfehlung (Kap. 11).

Das Wort *Normstrategie* steht für branchenübergreifende und situationsunabhängige strategische Empfehlungen, die auf der Basis von strategischen Analyseinstrumenten erfolgen. Synonyme für „Norm" sind „Standards" und „generelle Regeln". Normstrategien sollten unternehmensspezifisch angepasst werden und nur eine generelle Orientierung bieten. Aus der SWOT-Analyse lassen sich vier Normstrategien ableiten, die in den meisten Standardwerken zur Strategischen Unternehmenssteuerung oder dem Strategischem Management an zentraler Stelle behandelt werden (vgl. z. B. Bamberger und

Abb. 11.1 Überblick SWOT-Methodik (eigene Abb., mit Bezug auf Andrews 1971)

Wrona 2013, S. 381 f.; Baum et al. 2013, S. 99 f.). Die Abb. 11.1 zeigt eine typische SWOT-Analyse-Matrix und die daraus abgeleiteten Strategien.

Im Folgenden werden die vier Normstrategien anhand von praktischen Beispielen aus unserer heutigen Welt erläutert:

1. **SO-Strategien** kombinieren Stärken und Chancen. Bei ihnen wird auf den im Unternehmen vorhandenen Stärken aufgebaut, um erkannte Marktchancen zu nutzen. Daraus ergeben sich häufig *Expansionsstrategien*. Es werden erkannte Kernkompetenzen des Unternehmens genutzt, um neue Märkte zu erschließen oder vielversprechende Produkte auf den Markt zu bringen.

   Die Expansion der deutschen Automobil- oder der Maschinenbauindustrie im außereuropäischen Ausland ist ein gutes Beispiel dafür. Die Stärken der guten Markennamen bzw. die international anerkannte hohe Qualität wurden konsequent genutzt, um auf neuen Märkten wie China oder Indien zu expandieren, die seit einigen Jahren deutschen Unternehmen die größten Wachstumspotenziale bieten. Es darf hierbei aber eines nicht vergessen werden: Die Fähigkeit, im Ausland zu expandieren, haben Unternehmen wie Volkswagen, BMW, Siemens oder Bosch nicht erst seit ihrem Markteintritt in China. Ihre internationale Unternehmenskultur war bereits zuvor ihre klare Stärke.

   Ein umgekehrtes Beispiel ist die geplante Expansion der amerikanischen Technologiekonzerne Apple und Google in die neue Welt der Mobilität. Die Markenstärke, Innovationskraft, Finanzkraft und der Zugang zu Kundendaten sind ihre Stärken, die in der sich neu formierenden Automobilindustrie der elektrischen und selbstfahrenden Autos vorteilhaft sind.

2. **ST-Strategien** dienen dazu, externe Bedrohungen durch die intelligente Nutzung der vorhandenen Stärken zu neutralisieren. Hier bietet sich die deutsche Automobilindustrie wieder als Beispiel an: Die neuen Formen der Mobilität stellen für die international führenden deutschen Automobilhersteller eine ST-Situation dar, ein „Verteidigungskampf" unter Nutzung der traditionellen Stärken wie Markennamen, Vertriebsnetzwerk und Technologien.

   Andere Beispiele sind die im E-Commerce noch nicht so stark vertretenen Markenartikelunternehmen oder Einzelhändler. Sie können ihre Bekanntheit und die Qualität der Produkte nutzen, um ein Omnichannel-System aufzubauen.

3. **WO-Strategien** sind darauf gerichtet, vorhandene Schwächen zu überwinden, um an neuen Chancen teilhaben zu können. Ein typisches Beispiel dafür ist ein Unternehmen mit sehr erfolgreichen Produkten, aber fehlender Internationalität oder geringer Präsenz auf Wachstumsmärkten. Um erfolgreich exportieren zu können, müsste sich dieses Unternehmen in den Zielmärkten mit anderen zusammenschließen, zum Beispiel durch Akquisitionen oder Joint Ventures.

   Es gibt aber auch viele Beispiele für nationale WO-Situationen: Das traditionell auf qualitativ hochwertige Gesundheitsprodukte spezialisierte Unternehmen kann vom Ökologietrend profitieren, muss sich jedoch den Zugang zu jüngeren Zielgruppen verschaffen. Dies kann durch die Einstellung von neuen, spezialisierten Managern oder die vorgenannten Zusammenschlüsse erfolgen.

4. **WT-Strategien** sind reaktive Strategien, die aus dem Zusammenspiel eigener Schwächen und Marktrisiken entstehen. Dies trifft für Geschäftsbereiche zu, die in rückläufigen Märkten nicht genügend Größe oder keinen speziellen USP haben. Hier ist Verkauf oder Schließung häufig das beste Mittel.

11.2 Generische Wettbewerbsstrategien

Auch bei den generischen Wettbewerbsstrategien greifen wir wieder auf die *Wettbewerbsstrategien* von Porter (vgl. Porter 2013) zurück. Unter Wettbewerbsstrategien versteht dieser:

> …die Wahl offensiver oder defensiver Maßnahmen, um eine gefestigte Branchenposition zu schaffen, das heißt, erfolgreich mit den fünf Wettbewerbskräften fertig zu werden und somit einen höheren Ertrag auf das investierte Kapital zu erzielen (Porter 2013, S. 74).

Defensiv sind Maßnahmen, wenn sie aus der Verteidigung des Status quo oder als Reaktion gegen Aktionen von Konkurrenten oder neuen Wettbewerbern entstammen. Bei *offensiven* Maßnahmen geht nach Porter das untersuchte Unternehmen den ersten Schritt (vgl. Porter 2013, S. 68 f. und S. 138 ff.). Beispiele dafür sind aggressive Marketingkampagnen, neue Produkte, Akquisitionen oder Preissenkungen, die defensiv oder offensiv geschehen können.

In Porters Ansatz erfolgen solche strategischen Maßnahmen immer in Abhängigkeit von den spezifischen Stärken und Schwächen eines Unternehmens sowie den herrschenden Wettbewerbskräften (vgl. Porter 2013, S. 276 ff.). Trotzdem können situationsunabhängige Strategietypen identifiziert werden, die zu einem langfristigen Erfolg eines Unternehmens führen (vgl. Porter 2013, S. 73 ff.). Diese werden als „generisch", im Sinne von universal oder allgemein bezeichnet. Sie bieten einen übergeordneten Orientierungsrahmen für Unternehmen. Zu deren Klassifizierung verwendet Michael Porter zwei grundlegende Fragen:

- Was ist der Grund aus Käufersicht, um Produkte eines Unternehmens zu kaufen? Hier gibt es nur entweder einen im Vergleich zum Wettbewerb niedrigeren Preis oder spezifische Produktmerkmale, die der Käufer schätzt.
- Sind Unternehmen in einem Kundensegment tätig oder im Gesamtmarkt?

Die sich daraus ergebenden Strategietypen sind auf Abb. 11.2 zu sehen.

1. Die *Strategie der umfassenden Kostenführerschaft* beruht auf dem gerade in den 70er Jahren viel diskutierten Erfahrungskurvenkonzept, für das nach Porter „oft ein hoher Marktanteil oder andere Vorteile erforderlich [sind], zum Beispiel günstiger Zugang zu Rohstoffen" (Porter 2013, S. 76). Demnach beruht Kostenführerschaft auf der Größe eines Unternehmens im Vergleich zum Wettbewerb.

   In der Tat sollten Einkaufskonditionen mit zunehmender Größe besser werden und die proportionalen Verwaltungskosten sinken. Aber dies ist häufig nur Theorie: In der

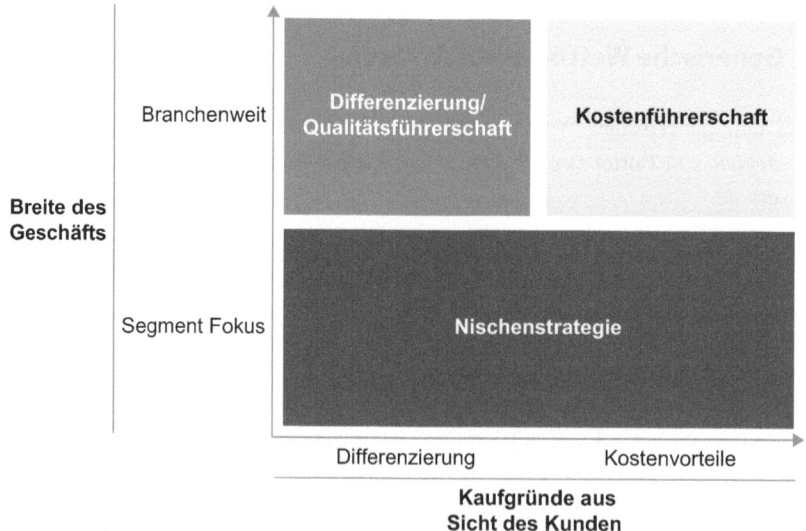

Abb. 11.2 Generische Wettbewerbsstrategien (eigene Abb., mit Bezug auf Porter 2013)

Praxis verlieren viele große Unternehmen potenzielle Kostenvorteile durch ineffiziente, bürokratische Verwaltungen. Kleine Unternehmen sind hier manchmal viel effizienter. Wenn man zum Beispiel auf der Amazon-Suchliste nach Preisen für ein bestimmtes Produkt recherchiert, sind hier kleine „Garagenbetriebe" häufig die günstigsten. Sie haben die effizienteste Verwaltung, die zumeist durch die Familie selbst erfolgt.

Es ist also nicht unbedingt die Größe, sondern eher die Philosophie, die sogenannte „No-Frills-Strategie" („ohne Schnickschnack"), die unbedingte Kostenorientierung, die Unternehmen wie Ryanair, Aldi oder Lidl zu Kostenführern gemacht hat (vgl. Aaker und McLoughlin 2010, S. 169). Dahinter steht eine Konzentration auf das Wesentliche. Aldi verkauft bei weitem nicht so viele Produkte wie Edeka bei einem vergleichbaren Umsatz, kauft diese dafür aber in höheren Stückzahlen und dadurch deutlich günstiger ein, sodass das Unternehmen in der Lage ist, Produkte günstiger anzubieten.

2. Die zweite Strategie ist die der *Differenzierung*. Deren Ziel ist, eine Unterscheidung vom Angebot der Konkurrenten zu entwickeln, für die Kunden eine Prämie zahlen. Typische Differenzierungskriterien sind ein besonderes Design oder ein bekannter Markenname. Es kann aber auch eine vom Kunden wahrgenommene höhere Qualität sein, die bedingt ist durch eine spezifische Technologie, einen guten Kundendienst oder Zusatzfunktionen (vgl. Porter 2013, S. 76).

Aus Sicht des Autors schließen sich beide Strategien nicht gegenseitig aus. Es gibt Unternehmen wie Apple, denen mit dem iPhone eine Differenzierung über emotionale Faktoren wie Marke und Design gelingt, aber nicht unbedingt durch bessere Zusatzfunktionen oder Qualität. Unternehmen wie der deutsche Konzern Miele sind dagegen in der Lage, emotionale Faktoren (Markennamen, Design) mit rationalen Faktoren wie einen guten Kundendienst, eine hohe Qualität der Produkte und viele Zusatzfunktionen zu kombinieren.

3. Die letzte Strategieform ist die *Konzentration auf Schwerpunkte*. Dies ist ein sehr erfolgsversprechender Strategietyp, der im traditionellen deutschen Mittelstand Anwendung findet, bei dem es viele sehr kleine, aber hochrentable „Weltmarktführer" für Spezialteile gibt. Aber auch in den Konsumentenmärkten ist diese Strategie mit zunehmender Transparenz durch das Internet erfolgsversprechend: Unternehmen spezialisieren sich auf kleine Nischen, bei denen sie Kompetenzvorsprünge haben und nutzen Plattformen wie Amazon als Vertriebskanal. Schließlich bietet der Öko- und Naturtrend Platz für Nischen im Reisemarkt, bei Lebensmitteln oder im spezialisierten Einzelhandel.

11.3 Produkt-/Marktstrategien nach Ansoff

Die bereits 1965 entwickelte Produkt-Markt-Matrix von Ansoff (vgl. Ansoff 1965) ist eine der am meisten benutzten Methoden des strategischen Managements. Sie eignet sich besonders für Wachstumsstrategien innerhalb einer Strategischen Geschäftseinheit. Eine Ausnahme ist die Strategie der Diversifikation, die auf der Ebene des Gesamtunternehmens anwendbar ist (vgl. Johnson et al. 2011, S. 317 ff.).

Die Ansoff-Matrix wurde mehrfach weiterentwickelt und detailliert. Zur Illustration stellen wir hier die ursprüngliche von Ansoff in *Corporate Strategy* (Ansoff 1965) gezeigte Matrix in der Abb. 11.3 vor:

Welche dieser vier Strategien für das Wachstum eines Geschäftsfeldes angewandt wird, hängt stark von der vorherigen Analyse der externen Umweltfaktoren und der internen Situation des Unternehmens ab.

Die **Strategie der Marktdurchdringung** versucht, mit existierenden Produkten in Märkten weiter zu wachsen, in denen ein Unternehmen bereits vertreten ist. Dies ist am besten in zwei Typen von Märkten möglich:

- **Märkte mit natürlichem Wachstum:** Heutzutage ist dies der Fall bei Technologieunternehmen, die gerade erfolgreich ihre Produkte auf dem Markt lanciert haben. Vor allem in Ländern wie den USA oder in attraktiven Regionen wie Europa konzentrieren sich diese zunächst auf ihre Kernregion, solange hier noch genügend Wachstumspotenzial besteht.
- **Konstante Märkte ohne starken Preiswettbewerb:** Dies galt bis jetzt zum Beispiel für den oben zitierten deutschen Lebensmitteleinzelhandel. Es bleibt allerdings abzuwarten, wie sich dieser Markt nach Eintritt von starken E-Commerce-Unternehmen wie Amazon entwickelt. Es ist davon auszugehen, dass es zu einer starken Konsolidierung kommen wird.

Die Strategie der **Marktentwicklung** beruht auf verschiedenen Definitionen des Begriffs „Markt". Hier gibt es zwei grundsätzlich verschiedene Optionen:

- **Eintritt in neue geografische Märkte:** Dies ist inzwischen durch viele deutsche Unternehmen erfolgt, die auf ihrem Gebiet eine starke internationale Position haben. Hier ist Marktentwicklung gleichzusetzen mit Internationalisierung.

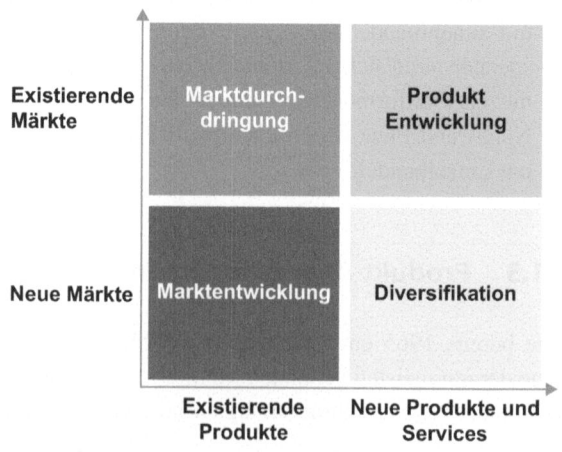

Abb. 11.3 Ansoff-Matrix (eigene Abb., mit Bezug auf Ansoff 1965)

- **Fokus auf neue Zielgruppen innerhalb eines Marktes:** Dies ist zum Beispiel häufig in der Modeindustrie festzustellen, wenn Marken wie Boss mit „Hugo Boss" oder Armani mit „Armani Jeans" jüngere bzw. weniger zahlungskräftige Zielgruppen ansprechen. Dabei handelt es sich häufig um Produkte, die sich von den bisherigen in ihrer Grundbeschaffenheit nicht signifikant unterscheiden.

Internationalisierung ist eine Strategie, die heutzutage die meisten größeren Unternehmen verfolgen oder einmal probiert haben. Auch die Übertragung existierender Produkte auf neue Zielgruppen gehört zum strategischen Standardrepertoire.

Unter der Strategie der **Produktentwicklung** ist die Lancierung von neuen Produkten in bisherigen Märkten zu verstehen. Solange dies innerhalb einer Strategischen Geschäftseinheit erfolgt, ist sie diesem Teil der Strategieentwicklung zuzurechnen, andernfalls der Portfoliostrategie. Häufig ist die Entwicklung eines neuen Produktes aber auch nicht strategisch, sondern Teil des operativen Tagesgeschäftes.

Dies hat nicht nur methodisch-wissenschaftliche Implikationen. Auch im Alltag von Konzernen stellt sich die Frage nach der Zuständigkeit für neue Produkte: Konzernführung, Führung der Geschäftseinheit oder Einzelabteilungen. Wie die folgenden Beispiele zeigen, sind die Übergänge fließend und hängen von der Branche ab:

- In der Modebranche zum Beispiel gehört die Lancierung von neuen Produkten eher zum Tagesgeschäft. Dies liegt an der großen Produktvielfalt. Nur komplett neue Linien wie zum Beispiel Nike Air sind strategisch.
- Der Launch der 4er-Reihe durch BMW ist eindeutig eine strategische Produktentwicklung als Antwort auf den Erfolg des Audi A5. Allerdings fand auch diese Entwicklung innerhalb einer Strategischen Geschäftseinheit statt, die in der BMW Gruppe als „BMW Automobile" bezeichnet wird (vgl. Walsh et al. 2009, S. 126).
- Dagegen bewegen sich Produktentwicklungen wie das Apple iPhone oder der Nespresso von Nestlé auf der Ebene einer unternehmensweiten Diversifikation, da unterschiedliche Kundenbedürfnisse mit neuen Angeboten bedient werden.

Diversifikationsstrategien werden üblicherweise nach dem Grad der Nutzung von Synergien zu bisherigen Produkten unterschieden. Müller-Stewens und Lechner (2011, S. 293 ff.) nennen hier vier Arten der Diversifikation:

Horizontal ist eine Diversifikation dann, wenn das Unternehmen in ein Geschäftsfeld eintritt, das den bisherigen Geschäftsfeldern ähnelt. Aus unserer aktuellen Perspektive ist hier der Launch des iPhones durch Apple ein typisches Beispiel.

Vertikale Diversifikationen erfolgen, wenn ein Unternehmen eine Vorwärts- oder Rückwärtsintegration vornimmt. Dies geschieht häufig in Nischenmärkten. Ein Beispiel ist die Dennree-Gruppe, die als Großhändler für Bioprodukte in Deutschland startete und sich die Zersplitterung des Bio-Einzelhandelsmarktes zunutze machte, indem sie mit der Einzelhandelskette Denn's erfolgreich in den Markt einstieg.

Konzentrisch ist eine Diversifikation, wenn bestimmte Fähigkeiten (z. B. im Konsumgütermarketing) genutzt werden, um Akquisitionen in neue Geschäftsfelder erfolgreich zu machen. Dies wird von Unternehmen wie Procter & Gamble oder Unilever praktiziert. Diese beherrschen die Mechanismen, Markenprodukte in ihren Kernmärkten zu vermarkten und können dies auch auf neue Konsumgüterprodukte übertragen.

Laterale Diversifikationen sind Investitionen in neue Geschäftsfelder, die mit dem bisherigen Geschäft nichts zu tun haben. Wenige wissen heute noch, dass Vodafone in Deutschland ursprünglich Mannesmann Mobilfunk hieß. Mannesmann war eines der traditionellen deutschen Industrieunternehmen, das wie Thyssen oder Krupp der Stahlbranche angehörte, in den 1980er und 1990er Jahren stark lateral diversifizierte und 1990 eine Mobilfunk-Lizenz erwarb. Im Jahre 2000 wurde es dann von Vodafone zu einem historisch hohen Preis erworben, allein aufgrund dieses Geschäftsfeldes.

12 Formulierung von Strategien auf Gruppenebene: Portfoliostrategien

Portfolio-Ansätze sind insbesondere relevant für diversifizierte Konzerne, die eine Vielfalt von Geschäftsfeldern strategisch bearbeiten. Sie greifen somit nicht auf Geschäftsfeldebene, sondern auf Gesamtkonzernebene. Entstanden sind diese Ansätze in den 1960er Jahren, nachdem viele amerikanische Unternehmen aus Gründen der Risikoverteilung in neue Geschäfte investiert hatten und nunmehr Entscheidungen über die Verteilung der finanziellen Ressourcen zwischen den Geschäftsfeldern treffen mussten. Die Portfolio-Ansätze dienen zwei Zielen: der integrierten Steuerung des Unternehmens und der Sicherstellung von finanziellen Ressourcen für die Zukunft (vgl. Müller-Stewens und Lechner 2011, S. 300).

Bekannt geworden sind die beiden Portfolio-Ansätze der Unternehmensberatungen BCG/Boston Consulting Group (vgl. Hedley 1977) und McKinsey, die letztere zusammen mit General Electric entwickelte. Die BCG-Matrix ist eine vereinfachte Vierfeldermatrix, die auf den quantitativen Dimensionen Marktwachstum und relativer Marktanteil beruht (vgl. Abb. 12.1).

Jedes Geschäftsfeld oder jedes einzelne Produkt kann hier zugeordnet werden um zu entscheiden, ob weitere Investitionen erfolgen („Stars", „Fragezeichen"), ob Cash abgezogen („Melkkühe") oder eine Desinvestition vorbereitet wird („Arme Hunde").

Dies ist eine einfache Logik, deren konsequente Anwendung jedoch über den Erfolg eines Unternehmens entscheiden kann. Das zeigt das Beispiel der Deutschen Post, die Erträge aus dem Unternehmensbereich Brief („Melkkuh") strategisch in das zukunftsträchtige Geschäft DHL („Star") gesteckt hat. Bertelsmann konnte sich auf diese Weise von einem Druckunternehmen über ein Buchklubunternehmen zu einem diversifizierten Medienkonzern entwickeln. Beide Unternehmen haben dabei die Philosophie verfolgt, ihr Portfolio langfristig auszubalancieren.

Allerdings ist die rein quantitative und sehr simplifizierte Sicht der BCG-Matrix nur eine erste Gedankenhilfe. McKinsey dagegen hat zusammen mit General Electric (GE) diese Denkweise erweitert und die zwei Achsen in ein komplexes Bewertungssystem einfließen lassen (siehe Abb. 12.2).

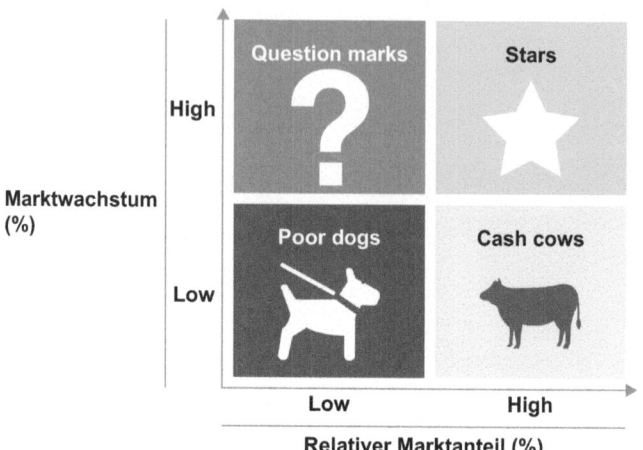

Abb. 12.1 BCG-Matrix. (eigene Abb., mit Bezug auf Hedley 1977)

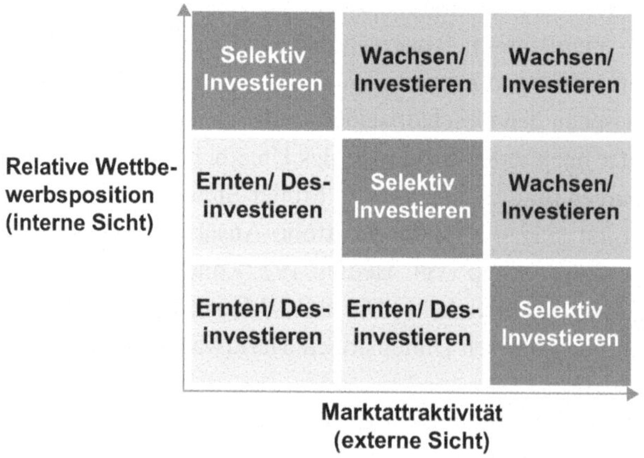

Abb. 12.2 McKinsey/GE Matrix. (eigene Abb., mit Bezug auf Clifford et al. 1975)

Auch hier gibt es eine interne (Stärke gegenüber dem Wettbewerb) und eine externe (Marktattraktivität) Dimension. Dabei wird eine Vielzahl von Faktoren berücksichtigt, bei denen die oben aufgeführten Analyseinstrumente benutzt werden können: Die Marktattraktivität jedes einzelnen Geschäftsfeldes kann anhand der „Five Forces" oder der PEST-Analyse, die relative Wettbewerbsstärke auf Basis einer Analyse der strategischen Stärken und Schwächen evaluiert werden.

Die Portfolio-Analysen sind in den heutigen dynamischen Märkten besonders relevant. Jedes Unternehmen tut gut daran, neben dem traditionellen Stammgeschäft neue, wachsende Geschäftsfelder aufzubauen.

Das gilt im besonderen Maße für die dynamischen Technologiemärkte (vgl. Wendt 2012). Unternehmen, die vor wenigen Jahren noch Stars waren wie Blackberry, Nokia oder Yahoo, haben viel von ihrer Strahlkraft eingebüßt. Davon sind darüber hinaus aber auch die meisten anderen Märkte betroffen. Die Finanzbranche hat dies seit einiger Zeit erfahren. So konservative Konzerne wie Allianz verändern derzeit sehr deutlich die Regeln der Steuerung ihrer eigenen Geschäftsfelder.

Teil III
Umsetzung von Strategien in der operativen Unternehmenssteuerung

Bei der Umsetzung von Strategien in der operativen Unternehmenssteuerung gibt es drei Ansatzpunkte, die logisch miteinander verknüpft werden sollten. Zunächst müssen die Geschäftsfeldstrategien auf der Ebene von *Funktionalbereichen* detailliert werden, um einen Anschluss an das operative Geschäft zu gewährleisten (Kap. 13). Während dieser erste Schritt noch qualitativ ist, ist es parallel dazu notwendig, diese mithilfe von Kennzahlen zu operationalisieren, um klare und messbare Ziele zu setzen (Kap. 14). Zuletzt müssen diese organisatorisch verankert werden (Kap. 15). Das alles ist vor dem Hintergrund der derzeitigen Herausforderung der digitalen Transformation der Wirtschaft zu betrachten.

13 Detaillierung von Geschäftsfeld- in Funktionalstrategien

Die Funktionalbereiche eines Unternehmens unterscheiden sich je nach der spezifischen Wertkette der jeweiligen Branche. Typische Bereiche sind Beschaffung (Einkauf), Finanzen, Forschung & Entwicklung (F&E), Informationstechnologie (IT), Kundenservice, Logistik, Marketing, Organisation/Personal und Vertrieb. Funktionalstrategien haben zunächst die Aufgabe, Geschäftsfeldstrategien in für das operative Management dieser Bereiche nachvollziehbare Detailstrategien zu übersetzen. Sie sind somit der erste logische Schritt der Umsetzung von Strategien. Der Ansatz ist *deduktiv:* Von der allgemeinen Strategie werden Spezialstrategien abgeleitet.

Dies soll hier am Beispiel von Konsumgüterunternehmen bzw. Produzenten von Markenartikeln aufgezeigt werden, die sich das strategische Ziel der digitalen Transformation gesetzt haben. Diese Einsichten sind allgemein genug, dass sie sich für verschiedene Branchen eignen, von der Mode über Haushaltsgeräte bis hin zu Automobilen, und in abgewandelter Form auch für andere Unternehmenstypen, wie z. B. den Einzelhandel oder die Finanzbranche.

Im Vordergrund der folgenden Erläuterungen stehen vier Funktionalbereiche, die häufig im Fokus der digitalen Transformation von B2C-Unternehmen sind: F&E, Kundenservice, Marketing und Vertrieb. Die IT-Strategie ist elementarer Teil jedes dieser Bereiche und wird somit nicht eigens aufgeführt. Andere Funktionen wie Beschaffung, Finanzierung, Logistik oder Produktion unterliegen auch einer digitalen Transformation. Schlagworte hier sind E-Sourcing, Industrie 4.0, Digitaldruck und verschiedene digitalen Finanzinnovationen. Dies soll aber an dieser Stelle nicht vertieft werden, um den Rahmen dieses Buchs nicht zu verlassen.

13.1 Omnichannel-Vertriebsstrategien

Der Begriff des Omnichannel-Managements bedeutet eine Weiterentwicklung des Multichannel-Ansatzes in konsumnahen Branchen wie Finanzdienstleistungen, Handel, Konsumgütern und Medien. Dazu benötigen wir zunächst einmal eine Unterscheidung zwischen den beiden Ansätzen:

- *Multichannel-Management* (MCM) entstand schrittweise mit dem Beginn der Kommerzialisierung des Internets Ende der 1990er Jahre. Vorreiter waren Branchen wie Medien und Einzelhandel, mit dem Onlinebanking folgten schnell Banken und Sparkassen. Spätestens in den Jahren 2005 bis 2008 war vielen traditionellen Unternehmen klar, dass die *New Economy* der Jahrtausendwende trotz des vermeintlichen „Platzens der Blase" kein vorübergehendes Phänomen war, sondern die Zukunft ihrer Branchen gestaltete. Die wesentlichen Schritte waren die Überwindung der anfänglichen Sorgen, existierende Kanäle zu verdrängen und der Aufbau von E-Shops (vgl. Heinemann 2008, S. 1 ff.). Die Grundphilosophie war dabei, möglichst wenig Überschneidungen zwischen E-Commerce und den traditionellen Kanälen zu haben (vgl. Verhoef et al. 2015, S. 3).
- Das Konzept des *Omnichannel-Managements* (OCM) bedeutet eine Weiterentwicklung von MCM, die angesichts des Siegeszugs der Smartphones und von Social Media seit ca. 2011 thematisiert wird. Ausgangspunkt ist der Kunde, dessen *Customer Journey* sich durch die beiden Trends verändert und verkompliziert hat. Kunden gehen in Ladengeschäfte und informieren sich direkt danach oder bereits im Geschäft über alternative Angebote. Sie bekommen Einkaufsideen über Social Media. Sie sitzen mit dem Smartphone vor dem Fernseher, sehen eine Werbung und nehmen diese zum Anlass für Online-Recherchen. All dies war in der Zeit, als Online Bestellungen vor allem über den Computer erfolgten, und vor dem Siegeszug der Social Media so nicht möglich. Somit genügt es nicht mehr, einen E-Commerce-Kanal parallel zum Retail-Verkauf aufzubauen. Die Kanäle müssen gut aufeinander abgestimmt und synergetisch genutzt werden (vgl. Verhoef et al. 2015, S. 2 f.; Heinemann und Gaiser 2016).

Viele Markenartikel- oder Konsumgüterunternehmen haben drei wesentliche Vertriebskanäle: den traditionellen Vertrieb über den Einzel- oder Großhandel, die eigenen Geschäfte und seit einigen Jahren E-Commerce. Eine erste Maßnahme (Funktionalziel) zur Umsetzung des strategischen Unternehmensziels *digitale Transformation* ist naturgemäß der Einstieg in den E-Commerce. Häufig starten Konsumgüterunternehmen hier sehr vorsichtig, um bisherige Vertriebsbeziehungen zu Handelspartnern nicht zu gefährden.

Dies ist aber abhängig von ihrer Verhandlungsposition, wie bereits oben (8) diskutiert. Internationale Sportartikelunternehmen wie Adidas agieren auf diesem Gebiet sehr konsequent, da der Fachhandel in diesem Marktsegment nicht so stark konzentriert ist. Markenartikelunternehmen im technischen Bereich sind aufgrund der Stärke von Media-Saturn in Deutschland vorsichtiger.

13.2 Digitale Marketingstrategien

Parallel sollte der Ausbau der eigenen Geschäfte forciert werden. Dessen Ziel ist es, möglichst viele direkte Kundenkontakte im Vertrieb zu generieren und diese im Sinne eines Omnichannel-Managements auch für digitale Kanäle zu nutzen.

13.2 Digitale Marketingstrategien

Mit der digitalen Transformation ist auch die Verstärkung des Onlinemarketings verbunden. Wie die Abb. 13.1 zeigt, ruht dieses auf drei verschiedenen Pfeilern:

Unter **Performancemarketing** ist die Nutzung von Kanälen zu verstehen, deren Erfolg aufgrund von Cost-Per-Click (CPC) oder Cost-Per-Visit (CPV) Modellen sehr gut messbar ist. Darunter fallen vor allem die schon länger etablierten Kanäle *Suchmaschinenwerbung* (SEA), *Affiliate Marketing* und *Bannerwerbung* (Display-Advertising). Dabei spielen der Erstkontakt zum Interessenten, aber auch zunehmend das Nachfassen *(Retargeting)* eine wichtige Rolle. Social Media wird hier bei bezahlten Anzeigen (z. B. Facebook Ads) mit einbezogen.

Die systematische Verbesserung der Effizienz des quantitativ-digitalen Marketingmixes kann jedoch nur erfolgen, wenn alle on- und offline-Kontaktpunkte *(Touchpoints)* des Kunden mit dem Produkt erfasst und der jeweilige Beitrag zum Kauf ermessen wird, mit dem Ziel der Beurteilung der Effizienz einer einzelnen Maßnahme. Diese schwierige analytische Übung ist bekannt als *Digital Attribution Modeling*. Methoden und IT-Systeme befinden sich hier in der stetigen Entwicklung (vgl. Kingsnorth 2016, S. 277 ff.; Bauer et al. 2016, S. 89 ff.).

Daneben gibt es den nicht so leicht messbaren, **qualitativen Teil** des Onlinemarketings. Neben der Nutzung der eigenen Präsenz in Social Media (z. B. Facebook Fanpage)

Abb. 13.1 Drei Pfeiler des Onlinemarketings

gewinnt *Social Influencer Marketing* eine immer stärkere Bedeutung (vgl. Warschun 2016). Darunter ist die Zusammenarbeit zum Beispiel mit Mode Bloggern zu verstehen, letztlich die Übertragung des traditionellen Public Relation Managements (PR) in das digitale Zeitalter. Dies steht häufig in Verbindung zur besseren Nutzung von eigenen Inhalten (Content Marketing), die dann wiederum auch einen positiven Effekt auf die kostenlosen Platzierungen bei den Suchmaschinen (SEO) hat.

Gerade für Konsumgüterunternehmen, die den Weg zum digitalen Endkunden gehen möchten, erfolgt dies jedoch nicht nur über eine neue digitale Marketingstrategie gegenüber den Neukunden. Wenn sich das Unternehmen einmal gegenüber anderen Vertriebswegen geöffnet hat, steigt zugleich die Notwendigkeit, ein professionelles **Customer Relationship Management (CRM)** aufzubauen. CRM setzt an der Vielfalt der verschiedenen *Kontaktpunkte* an, die ein Kunde zu einem Unternehmen hat. Dies sind nicht nur die Vertriebskanäle im engeren Sinne (Großhandel, eigene Ladengeschäfte, E-Commerce, ggf. Außendienst oder Kataloge), sondern auch Service- und Informationskanäle wie die Präsenz in Social Media, das Callcenter oder der technische Kundendienst.

An jedem dieser Kontaktpunkte sammelt das Unternehmen Informationen über den Kunden. Diese sind jedoch zumeist in verschiedenen Datenbanken verstreut. Es fehlt die *360-Grad-Sicht* auf den Kunden. Zugleich werden Daten nicht systematisch ausgewertet und analysiert. Beides zusammen führt dazu, dass der Kunde keine auf seine individuellen Bedürfnisse zugeschnittenen Informationen und Angebote erhält. Im schlechtesten Falle ist er sogar verwirrt, da ihm per Email ein Angebot für ein Produkt zugeschickt wird, das er gerade – vielleicht sogar zu einem anderen Preis – vom Verkäufer des Ladengeschäftes ausgedruckt erhalten hat.

Oder er erhält Rabattgutscheine von verschiedenen Vertriebskanälen, die ihm in der Summe einen für das Unternehmen unrentablen Kauf ermöglichen.

Auf der Basis spezialisierter CRM-Software, der Etablierung dementsprechender Prozesse, dem Aufbau einer CRM-Abteilung und der Schulung der betroffenen Mitarbeiter können diese Probleme überwunden werden. Das Unternehmen steigert dadurch deutlich seine Marketingeffizienz und somit letztlich auch Umsatz und Profitabilität. Oder wie Philip Kotler dies ausdrückt:

> Ein CRM-System beinhaltet alles, was die Verkaufs-, Service- und Marketingabteilungen über einen individuellen Kunden wissen müssen, um ein Gesamtbild über die Kundenbeziehungen zu erhalten. Es führt alle Informationen zusammen, analysiert sie und ermöglicht einen einfachen Zugriff auf die Kundeninformationen von allen Berührungspunkten mit dem Kunden. Unternehmen benutzen ein CRM-System, um den Wert des einzelnen Kunden einzuschätzen, die besten Kunden herauszusuchen und diesen individualisierte Produkte und Leistungen anzubieten. CRM-Systeme wurden aus der Überzeugung entwickelt, dass ein Unternehmen, das seine Kunden kennt und weiß, wie es sie zu behandeln hat, daraus einen Vorteil auf dem Markt erlangen kann. Ziel ist es, jeden einzelnen Kunden als Individuum zu betreuen und zu behandeln (Kotler et al. 2011, S. 437).

Der damit verbundene Kommunikationskanal gegenüber dem Kunden wird auch als *Direkt- oder Dialogmarketing* bezeichnet. Kundeninformationen können über die verschiedensten Kanäle genutzt werden, von den traditionellen Kanälen Werbebrief und Katalog über Email bis hin zur zielgerichteten Kommunikation über Social Media. Letzteres, auch bekannt als *Social CRM,* ist eine strukturell andere Variante des CRMs als beispielsweise die Email-Kommunikation. Es enthält die direkte Kommunikation mit Fans über Tweets oder Posts, aber auch ein interaktives Element durch Beiträge der Kunden und der Reaktion des Unternehmens darauf (vgl. Metz 2011).

13.3 Kundenservice im digitalen Zeitalter zwischen CRM und CEM

Entgegen vieler Befürchtungen wird der Faktor Mensch im digitalen Zeitalter nicht weniger wichtig. Eher im Gegenteil: Mit der Bedeutung von Social Media sind die Kundenzufriedenheit und das Kundenerlebnis für den Unternehmenserfolg noch wichtiger geworden als im 20. Jahrhundert. Dem trägt das Konzept des *Customer Experience Management (CEM)* Rechnung (vgl. Schmitt und Mangold 2013).

Es bestehen durchaus Ähnlichkeiten zwischen CEM und CRM. Der fundamentale Unterschied liegt jedoch darin, dass im CRM die *Kundendaten* im Vordergrund stehen, die über IT-Systeme idealerweise überschneidungsfrei erfasst und danach über Algorithmen ausgewertet werden. Champions sind hier Unternehmen wie Amazon, für die ein mathematischer Algorithmus im Vordergrund des wirtschaftlichen Handelns und Denkens steht. CEM lebt jedoch vom persönlichen Kontakt, dem emotional geprägten Erlebnis des Kunden. Interaktion ist dabei sehr wichtig, nicht nur über eine Webseite, sondern auch persönlich. Eine perfekt kundenfreundlich gestaltete Webseite in Kombination mit einem fehlenden oder unfreundlichen Kundenservice führt zu einem negativen Erlebnis, selbst wenn die Daten für CRM perfekt erfasst und der Kunde danach optimal angesprochen werden kann. Ein kleiner Buchladen, ein gemütliches Restaurant oder das inhabergeführte Automobilzuliefererunternehmen mit einem Chef, der den Kunden jeden Wunsch von den Lippen abliest, sind die Champions von CEM.

Für die Funktionalstrategie im Bereich Kundenservice sind im Hinblick auf die digitale Transformation sowohl CEM als auch CRM wichtig:

- Der Kunde muss ein positives *Erlebnis* haben. Dazu gehören neben der Qualität des Produktes das Einkaufserlebnis, der Kundenservice und – bei technischen Produkten – der Reparaturservice (technischer Kundendienst). Die wesentliche Erkenntnis ist, dass Kundenloyalität auch bei Problemen durch die proaktive Behandlung von Beschwerden und die Lösung von Problemen erhalten werden kann (vgl. Mende 2006, S. 14). Dabei ist neu, dass heute neben den traditionellen Kundenservice-Kanälen ein aktives *Social Media Management* relevant wird (vgl. Stauss und Seidel 2014, S. 539 ff.).

- Zugleich wird der Kundenservice aber elementarer Teil einer *CRM-Strategie*. Callcenter und technischer Kundenservice sind wichtige Kundenkontaktpunkte. Hier kann das Unternehmen Email-Adressen sammeln. Zudem geben Kunden Informationen über ihre Präferenzen und ihre potenziellen Kaufwünsche preis, sodass diese individuelle Angebote erhalten können.

13.4 Forschung & Entwicklung (F&E)

Forschung und Entwicklung (F&E) liegt im Kern des zukünftigen Unternehmenserfolges, besonders in Zeiten deutlichen Wandels. Diese Funktion wird häufig mit Innovationsmanagement gleichgesetzt. Dies ist jedoch nicht korrekt. Unter Innovationen versteht Jürgen Hauschildt in seinem Standardwerk zum Innovationsmanagement Folgendes:

> Bei Innovationen geht es um etwas „Neuartiges". Neuartig ist mehr als neu, es bedeutet eine Änderung der Art, nicht nur dem Grunde nach. Es geht um neuartige Produkte, Verfahren, Vertragsformen, Vertriebswege, Werbeaussagen, Corporate Identity (Hauschildt et al. 2016, S. 3).

Somit betreffen Innovationen nicht nur Produkte, sondern auch neue Marketingkanäle und jegliche Art von Prozessen. F&E ist dagegen nur ein Teilbereich des Innovationsmanagements, der sich auf die technische Entwicklung von neuen Produkten bezieht (vgl. Feldmann 2005, S. 46). Diesen Teilbereich möchten wir uns nun kurz ansehen.

Die digitale Revolution hat einen starken Einfluss auf die Höhe der F&E-Ausgaben von Konsumgüterunternehmen. Dies gilt insbesondere für Produzenten von technischen Markenartikeln. Das Beispiel der Automobilindustrie mit den Kosten für die Entwicklung neuer Formen der Mobilität (Elektroautos, selbstfahrende Autos, Car-Sharing) ist offensichtlich. Dies ist die logische Antwort auf das strategische Risiko, dass die deutsche Automobilindustrie in Zukunft nur noch einen kleineren, austauschbaren Teil der Wertschöpfung des Autos für sich beansprucht, die datengetriebene Intelligenz jedoch Unternehmen wie Google oder Uber überlässt.

Ein zweites Beispiel ist die Haushaltsgerätebranche. Hier bedeutet die Option des *Internet of Things* (IoT) einerseits eine große Chance, andererseits ein Risiko und in jedem Fall erhöhte F&E-Kosten. Wenn der Kühlschrank in Zukunft Nahrungsmittel automatisch ordert oder die Waschmaschine ihr Waschmittel, sollten Unternehmen wie Bosch-Siemens-Hausgeräte oder Miele idealerweise führend sein, wozu sie IoT-fähige Geräte benötigen.

Wie die Abb. 13.2 zusammenfasst, haben sich jedoch nicht nur die inhaltlichen Prioritäten von F&E-Abteilungen mit dem Beginn der digitalen Revolution geändert, sondern auch die Innovationsprozesse:

Chesbrough (2006) prägte schon am Anfang des digitalen Zeitalters den Begriff der „Open Innovation". Darunter versteht er die Abkehr von klassischen Prozessen, bei

13.4 Forschung & Entwicklung (F&E)

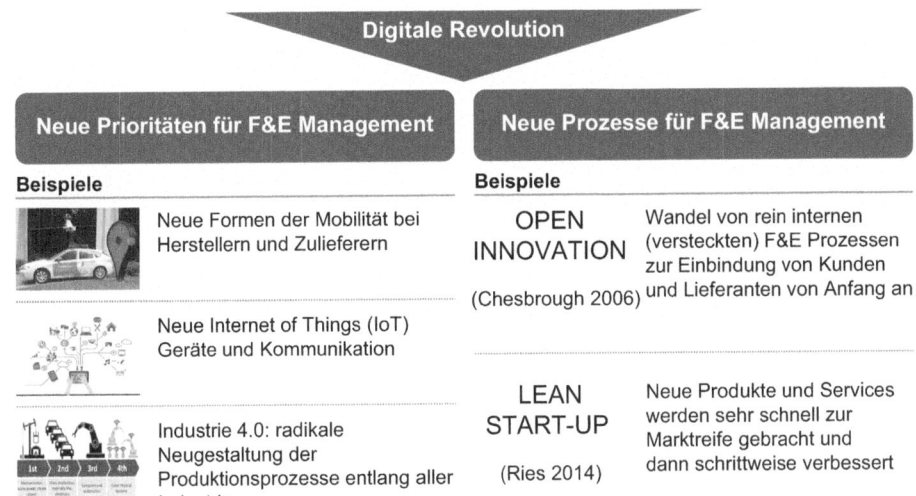

Abb. 13.2 Veränderungen im F&E-Management durch die digitale Revolution

denen eine Innovation innerhalb eines Unternehmens entwickelt und dann im Markt platziert wird. Zur Verkürzung der Innovationszeiten werden bei diesem Ansatz von Anfang an Kunden und Lieferanten in den Prozess mit einbezogen (vgl. Stampfl 2012, S. 111 f.), weg von der Geheimhaltung, hin zur Offenheit. Dies kann zur Ideengenerierung, aber auch zum Test von Ideen geschehen. Neben den klassischen Methoden der Kundenbefragung (z. B. Fokusgruppen) eignet sich hierfür vor allem Social Media (vgl. Bruhn 2016, S. 207 f.).

Einen ähnlichen Ansatz verfolgt Eric Ries (2014) mit seinem Konzept des *Lean Start-up*, durch die Kernaussage, dass ein neues Unternehmen und damit auch ein neues Produkt möglichst schnell am Markt getestet und dann schrittweise verbessert werden muss. Dies entspricht dem schon seit den 70er Jahren von der „Münchner Schule" der Unternehmensführung um Werner Kirsch vertretenen evolutionären oder inkrementellen Ansatz, den diese Autoren unter das Schlagwort „geplanter Wandel" stellen (vgl. Kirsch et al. 1979).

14 Implementierung von Strategien durch quantitative Kennzahlen

Sowohl für Geschäftsfeld- als auch für Funktionalstrategien besteht die Schwierigkeit, dass Strategien zu häufig an ihrer Umsetzung scheitern. Gründe dafür sind nach dem Klassiker der Literatur zur Strategieimplementierung von Kaplan und Norton (1996) *The Balanced Scorecard: Translating Strategy into Action* auf vier verschiedenen Ebenen zu sehen: ein fehlendes Verständnis der Strategie durch die Mitarbeiter, eine geringe Motivation der Manager zur Umsetzung der Strategie, keine Verbindung der Budgetplanung mit der Strategie und ein mangelnder Fokus des Managements auf strategische Themen (vgl. Kaplan und Norton 2001, S. 215, 234, 274).

Daraus ergibt sich die Notwendigkeit, Strategien in Kennzahlen abzubilden, die jedem Mitarbeiter und Manager jederzeit präsent und auch einfach messbar sind. Die Zielerreichung sollte für jeden transparent und auch mit dem Bonussystem der Manager verknüpft sein. Die in der jährlichen Budgetplanung festgelegten Ziele müssen mit diesen strategischen Kennzahlen verbunden sein. Hierdurch wird die traditionelle Sichtweise überwunden, nach der die strategische Unternehmenssteuerung vor allem qualitative Ziele beinhaltet und unabhängig von der quantitativen operativen Budgetplanung erfolgt. Es werden die notwendigen „Brücken" gebaut. Dieses Vorgehen kann als *strategische Steuerung durch Kennzahlen* oder als *Performance Management System* bezeichnet werden.

Der bekannteste Ansatz und fast ein Synonym für diese Art der Steuerung ist die von Kaplan und Norton (1996) entwickelte *Balanced Scorecard*. Die Kennzahlen werden hier in vier verschiedene Bereiche eingeteilt: finanz-, kunden-, prozess- und lernorientiert (vgl. Kaplan und Norton 1996, S. 25 ff.).

Finanzielle Kennzahlen beziehen sich auf die obersten Unternehmensziele, wie z. B. die Maximierung der Erträge auf das investierte Kapital, die Ergebnisprofitabilität, Cash Flow oder Umsatz. Sie berücksichtigen die Interessen der Eigentümer des Unternehmens.

1. Diese können aber nur über die stetige Verbesserung des Verhältnisses zu den *Kunden* erreicht werden, also deren Zufriedenheit, Loyalität und Anzahl.
2. Dazu ist wiederum die *Optimierung der internen Prozesse* notwendig, zum Beispiel eine schnelle Belieferung der Kunden, ein guter Service oder in F&E Prozessen immer wieder neu entwickelte Produkte.
3. All dies erfordert eine permanente Schulung der *Mitarbeiter* und die Erweiterung um kompetente neue Mitarbeiter. Die Organisation muss somit „wachsen".

Der dahinter liegende Anspruch ist zweierlei: Einerseits ist die quantitative Unternehmenssteuerung strategisch auszurichten und andererseits Strategien zu quantifizieren, so wie Kaplan/Norton es ausdrücken:

> The Balanced Scorecard is a new framework for integrating measures derived from strategy. While retaining financial measures of past performance, the Balanced Scorecard introduces the drivers of future financial performance. The drivers, encompassing customer, internal-business-process, and learning and growth perspectives, are derived from an explicit and rigorous translation of the organization's strategy into tangible objectives and measures (Kaplan und Norton 1996, S. 18).

Dieser vor 20 Jahren entwickelte Ansatz ist aktueller denn je. Gerade bei den kundenorientierten Kennzahlen haben sich die Möglichkeiten deutlich verbessert, strategische Ziele in konkrete Kennzahlen umzuwandeln, daran auch die Organisation zu messen und auf diese Weise auf Erfolg zu trimmen. Ein gutes Beispiel dafür ist der sogenannte *Net Promoter Score* (NPS), der sich als eine der wichtigsten Kennzahlen für den Erfolg von Produkten und Unternehmen etabliert hat. Der auf Kundenloyalität spezialisierte amerikanische Wirtschaftsautor Fred Reichheld führte diesen NPS in seinem 2006 auf Deutsch publizierten Werk *Die ultimative Frage: Mit dem Net Promoter Score zu loyalen Kunden und profitablem Wachstum* (Reichheld 2006) als die entscheidende Größe für die Kundenzufriedenheit ein. Der NPS basiert auf der einfachen Frage: „Wie wahrscheinlich ist es, dass Sie Produkt X an jemanden weiterempfehlen". Die Antwort erfolgt auf der Skala von 0 (absolut unwahrscheinlich) bis 10 (höchst wahrscheinlich). Der Score berechnet sich, indem vom Prozentsatz der zufriedenen Kunden (9 und 10) der Prozentsatz der unzufriedenen Kunden (0 bis 6 – die Befragten mit 7 und 8 werden ignoriert) abgezogen wird.

Die Anwendung der Balanced Scorecard hat sich in der Praxis der Unternehmenssteuerung mithilfe von Strategieberatern wie McKinsey durchgesetzt. Diese sind darauf spezialisiert, die von ihnen vorgeschlagenen Maßnahmen in quantitative Unterziele herunter zu brechen. Idealerweise hinterlässt ein guter Strategieberater seinem Kunden am Ende des Projektes einen logisch abgeleiteten Plan, mit welchen Kennzahlen er den Erfolg der Strategieimplementierung kontrollieren kann.

Ein aktuelles Beispiel dafür ist die Umsetzung des Ziels der Entwicklung eines neuen E-Commerce-Geschäftes für einen Einzelhändler, der bisher vor allem ein Offline-Geschäft hat. Kennzahlen wären hierfür zum Beispiel:

- Finanzielle Kennzahlen: Die Umsatz- und Ergebnisentwicklung für einen Zeitraum von fünf Jahren in verschiedenen Szenarien, das für den Start benötigte Kapital und die Rückzahlung (Payback) durch die zukünftigen Ergebnisse.
- Kundenkennzahlen: Anzahl der aktiven Kunden in den Folgejahren, deren Käufe pro Jahr mit den durchschnittlichen Warenkörben, die dafür benötigten Neukunden pro Jahr, die Besucher auf der Webseite und deren Rückkehrquote, aber auch die durch den NPS gemessene Kundenzufriedenheit.
- Interne Prozesse: Kennzahlen wie Liefergeschwindigkeit, Sortimentsbreite, Kundenerlebnis auf der Webseite und Aktivitäten in Social Media.
- Fähigkeiten und Organisationswachstum: Aufbau eines Teams von Spezialisten und Managern in den ersten sechs Monaten nach Projektstart.

Organisatorische Verankerung der Strategieumsetzung

15

Eine grundsätzliche Erkenntnis ist, dass die Umsetzung von strategischen Maßnahmen nicht allein der bestehenden Organisation überlassen werden darf. Es bedarf vielmehr einer funktionierenden Projektorganisation, wobei Projekte nach einer allgemein gültigen Definition als „eine zeitlich begrenzte Aufgabe, die im Wesentlichen durch ihre Einmaligkeit gekennzeichnet ist" (Picot et al. 2002, S. 389) verstanden werden. Sie müssen danach in die Regelorganisation eines Unternehmens überführt werden. In vielen Fällen ist es hilfreich, dabei externe Berater mit einzusetzen. Sie bringen Spezialwissen mit und sorgen vor allem für die notwendige Neutralität und Sachorientierung, die es bei rein intern gesteuerten Projekten manchmal nicht gibt. Durch ihre Reputation verleihen sie Ideen oft mehr Durchschlagskraft und sind so wertvolle Verbündete für innovative Manager.

Auch hier soll wieder auf das derzeit dominierende Thema der digitalen Transformation eingegangen werden. Bei der Implementierung der Strategie der digitalen Transformation spielen organisatorische und personelle Erwägungen häufig eine wichtige Rolle, mit folgenden Elementen wie in Abb. 15.1 zu sehen ist.

Am Beginn steht häufig die Frage, ob der CEO Förderer des Transformationsprozesses ist und sein kann. Wenn ja, dann braucht dieser in größeren Unternehmen zur Unterstützung einen *Chief Digital Officer*. Dieser verantwortet Projekte zur digitalen Transformation und den Aufbau von digitalen Abteilungen (vgl. Zisler et al. 2016).

Im Anschluss daran stellt sich die Frage nach der Etablierung von neuen, digital getriebenen Organisationseinheiten. Diese ziehen sich durch das gesamte Unternehmen. Im Marketing- und Vertriebsbereich sind typische Beispiele hierfür die Abteilungen E-Commerce, Onlinemarketing, Social Media und/oder CRM. Im IT-Bereich gibt es neue Abteilungen, die sich mit Webdesign und Webshop-Entwicklung beschäftigen. Die Auswirkung auf Produktion und F&E hängt von der Art des Unternehmens ab. Bei Herstellern von Haushaltsgeräten beispielsweise gibt es eine organisatorische Erweiterung des F&E-Bereichs um IoT-Entwicklungen.

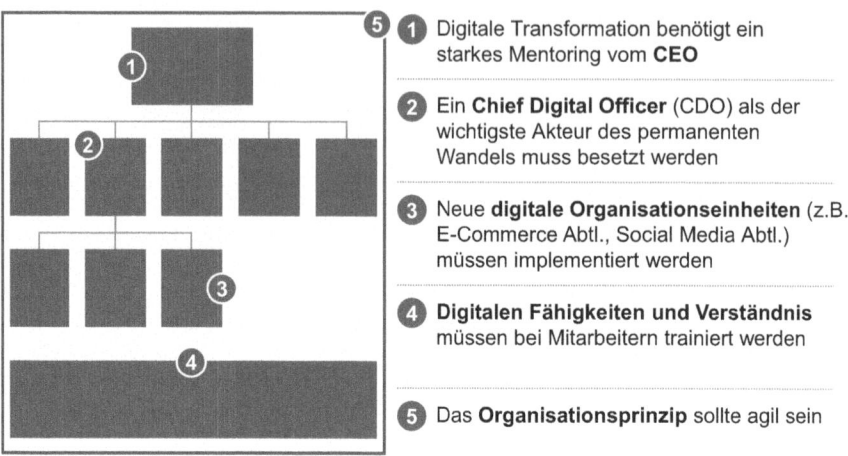

Abb. 15.1 Organisatorische Verankerung digitaler Transformationsprozesse

Zudem müssen geeignete neue Mitarbeiter eingestellt bzw. vorhandene Mitarbeiter qualifiziert werden. Der Aufbau von neuen Abteilungen erfordert normalerweise die Rekrutierung von externen Spezialisten. Zugleich bietet sich an, interne Mitarbeiter aus anderen Abteilungen schrittweise in digitalen Schlüsselqualifikationen fortzubilden und dadurch die Unterstützung für die digitale Transformation breit abzusichern. Hierfür gibt es verschiedene Optionen, von speziellen Fortbildungsprogrammen bis hin zu *Training on the Job* im Rahmen von Projekten, die durch externe oder interne Experten geleitet werden. Für junge Berufsanfänger ist dies sicherlich leichter, da hier digitale Schlüsselqualifikationen zumeist schon vorliegen und Trainee- oder Förderprogramme so aufgelegt werden können, dass sie Stationen in digitalen Abteilungen vorsehen. Ein Trend ist zudem, dass viele Großunternehmen sich inzwischen sehr stark um die digitale Weiterbildung von wichtigen Managern kümmern, die sie auf jährliche Reisen in Technologiezentren wie dem Silicon Valley schicken.

Digitale Transformation erfordert zuletzt eine neue Unternehmenskultur, die Verankerung der Prinzipien der *agilen Organisation*. Hier stehen die Geschwindigkeit des Tests von neuen Ideen, von Managemententscheidungen und Flexibilität der Organisationsstrukturen im Vordergrund. Das Prinzip kommt aus der IT-Entwicklung, zieht sich aber idealerweise durch die gesamte Organisation (vgl. Narayan 2015). Und dies beinhaltet insbesondere die Auswahl von neuen Mitarbeitern, bei denen weniger die genauen Fachkenntnisse, sondern die Fähigkeiten zum Querdenken gefragt sein sollten (vgl. Gothelf 2014).

Verzeichnis der zitierten Quellen

Aaker, D., & McLoughlin, D. (2010). *Strategic market management: Global perspectives*. Chichester: Wiley.

Achleitner, A., & Nathusius, E. (2003). *Bewertung von Unternehmen bei Venture-Capital-Finanzierungen*. EF Working Paper Series (No. 02–03). München: TUM. http://www.ef.wi.tum.de. Zugegriffen: Juli 2003.

Adidas. (2016). 2015. How we create value, Adidas Group Geschäftsbericht. http://www.adidas-group.com/media/filer_public/28/df/28df5eae-389a-4932-a8da-6ba2ef7a6922/2015_gb_de.pdf. Zugegriffen: 3. März 2016.

Anderson, C. (2013). *Makers: Das Internet der Dinge: Die nächste industrielle Revolution*. München: Hanser.

Andrews, K. (1971). *The concept of corporate strategy*. Homewood: Richard. D. Irwin.

Ansoff, H. I. (1965). *Corporate strategy: An analytical approach to business policy for growth and expansion*. New York: McGraw-Hill.

Ansoff, H. I. (1976). Managing surprise and discontinuity: Strategic response to weak signals. *Zeitschrift für betriebswirtschaftliche Forschung, 28*(3), 129–152.

Aristoteles, (1969). *Nikomachische Ethik*. Stuttgart: Reclam.

Asel, J. (2009). *Wertgenerierung und Steuerung von Portfoliounternehmen durch Private Equity und Venture Capital Investoren*. EBook: Diplom.de.

Baden, A. (2001). Shareholder Value- oder Stakeholder-Value Ansatz? *WiSt – Wirtschaftswissenschaftliches Studium, Jahrgang 30*(8), 398–403.

Bakewell, C., & Mitchell, V. (2003). Generation Y female consumer decision making styles. *International Journal of Retail & Distribution Management, 31*(2), 95–106.

Balderjahn, I., & Scholderer, J. (2007). *Konsumentenverhalten und Marketing: Grundlagen für Strategien und Maßnahmen*. Stuttgart: Schäffer-Poeschel.

Bamberger, I., & Wrona, T. (2013). *Strategische Unternehmensführung: Strategien, Systeme, Methoden, Prozesse* (2. Aufl.). München: Vahlen.

Bauer, T., Freund, T., Gordon, J., Perrey, J., & Spillecke, D. (2016). *Marketing performance. How marketers drive profitable growth?* Chichester: Wiley.

Baum, H.-G., Coenenberg, A., & Günther, T. (2013). *Strategisches Controlling* (5. Aufl.). Stuttgart: Schäffer-Poeschel.

Baun, D. (2003). *Impulsives Kaufverhalten am Point of Sale*. Wiesbaden: Springer Gabler.

Bertalanffy, L. (1950). The theory of open systems in physics and biology. *Science, 111*, 23–29.

Bleicher, K. (2011). *Das Konzept Integriertes Management: Visionen, Missionen, Programme* (8 Aufl.). Frankfurt a. M.: Campus.

Bode, T., & Scheytt, S. (2015). *Die Freihandelslüge: Warum TTIP nur den Konzernen nützt – und uns allen schadet.* München: DVA.

Bretschneider, U., Gierczak, M., Sonnick, A., & Leimeister, J. (2015). Auf der Jagd nach dem günstigsten Preis: Was beeinflusst die Kaufabsicht von Nutzern von Produkt- und Preisvergleichsseiten? In C. Linnhoff-Popien et al. (Hrsg.), *Marktplätze im Umbruch: Digitale Strategien für Services im Mobilen Internet* (S. 43–53). Berlin: Springer.

Brooks, D. (2001). *Die Bobos. Der Lebensstil der neuen Elite.* München: Ullstein.

Bruhn, M. (2012). *Unternehmens- und Marketingkommunikation: Handbuch für ein integriertes Kommunikationsmanagement* (7. Aufl.). München: Vahlen.

Bruhn, M. (2016). *Relationship marketing: Das Management von Kundenbeziehungen* (5. Aufl.). München: Vahlen.

Bühring-Uhle, M. (1995). *Reflexive Unternehmensführung. Systemtheoretische Grundlagen rationalen Managements.* Wiesbaden: DUV.

Bundeskartellamt. (2014). Sektoruntersuchung Lebensmitteleinzelhandel: Darstellung und Analyse der Strukturen und des Beschaffungsverhaltens auf den Märkten des Lebensmitteleinzelhandels in Deutschland. Bericht des Bundeskartellamts. Bonn: Bundeskartellamt.

Central Intelligence Agency. (2016a). The world factbook. Distribution of family income – Gini index. www.cia.gov/library/publications/the-world-factbook/fields/2172.html. Zugegriffen: 20. Sept. 2016.

Central Intelligence Agency. (2016b). The world factbook. GDP-per Capita (PPP). www.cia.gov/library/publications/the-world-factbook/rankorder/2004rank.html. Zugegrifen: 20. Sept. 2016.

Central Intelligence Agency. (2016c). The world factbook. Age structure. www.cia.gov/library/publications/the-world-factbook/fields/2010.html. Zugegriffen: 20. Sept. 2016.

Chandler, A. (1962). *Strategy and structure. Chapters in the history of the industrial enterprises.* Cambridge: MIT Press.

Chandler, A. (2004). *Scale and scope: The dynamics of industrial capitalism.* Mit Unterstützung von Takashi Hikino. Harvard: Harvard University Press.

Chesbrough, H. W. (2006). *Open innovation: The new imperative for creating and profiting from technology.* Boston: Harvard Business School Press.

Chishti, S., & Barberis, J. (2016). *The fintech book. The financial technology handbook for investors, entrepreneurs and visionaries.* Chichester: Wiley.

Christensen, C. M. (1997). *The innovator's dilemma: When new technologies cause great firms to fall.* Harvard: Harvard Business School Press.

Clausewitz, C. (1980). *Vom Kriege. Hinterlassenes Werk des Generals von Clausewitz* (19. Aufl.). Bonn: Ferd. Dümmlers.

Clifford, D. et al. (1975). The game has changed. *McKinsey Quarterly,* Herbst, 2 ff.

Coenenberg, A., Salfeld, R., & Schultze, W. (2015). *Wertorientierte Unternehmensführung: Vom Strategieentwurf zur Implementierung* (3. Aufl.). Stuttgart: Schäffer-Poeschel.

Collins, J., & Porras, J. (1997). *Built to last – successful habits of visionary companies.* New York: Harper Collins.

Dillerup, R., & Stoi, R. (2013). *Unternehmensführung* (4. Aufl.). München: Vahlen.

Drukarczyk, A., & Schüler, A. (2011). *Unternehmensbewertung.* München: Vahlen.

Duden (2016). Begriff der Steuerung. www.duden.de/rechtschreibung/steuerung. Zugegriffen: 6. Juli 2016.

Eckhardt, G., & Bardhi, F. (2015). The sharing economy isn't about sharing at all. hbr.org (Harvard Business Review). Zugegriffen: 28. Jan. 2015.

Engelen, A., & Tholen, E. (2014). *Interkulturelles Management.* Stuttgart: Schäffer-Poeschel.

Enke, M., Geigenmüller, A., & Leischnig, A. (2014). Commodity Marketing – Eine Einführung. In M. Enke, A. Geigenmüller, & A. Leischnig (Hrsg.), *Commodity marketing: Grundlagen – Besonderheiten – Erfahrungen* (3. Aufl., S. 4–26). Wiesbaden: Springer Gabler.

Esser, W., Gabele, E., & Kirsch, W. (1979). *Das Management des geplanten Wandels von Organisationen*. Stuttgart: Schäffer-Poeschel.
Fahey, I., & Narayanan, V. (1986). *Macroenvironmental analysis for strategic environment*. St. paul: West Publishing.
Fearns, H. (2004). *Entstehung von Kernkompetenzen: Eine Evolutionstheoretische Betrachtung*. Wiesbaden: Springer.
Feldmann, C. (2005). *Strategisches Technolgiemanagement. Eine empirische Untersuchung am Beispiel des deutschen Pharma-Marktes 1990–2010*. Wiesbaden: DUV.
Fittkau, S., & Harms, A. (2011). Zielgruppe 60 plus – Entwicklung, Akzeptanz und Nutzung ausgewählter Felder aus Online, Social und Mobile Media. In R. Abel, C. Bauer, & M. Altendorf (Hrsg.), *Online Targeting und Controlling: Grundlagen – Anwendungsfelder – Praxisbeispiele* (S. 224–244). Wiesbaden: Gabler.
Franke, N. (2004). Die Bewertung von Gründerteams durch Venture-Capital-Geber. *Die Betriebswirtschaft (DBW), 64*(6), 651–670.
Freytag, B. (2010). Reinigungsmittelhersteller Benckiser. Das verschwiegene Imperium. Faz.net. Zugegriffen: 21. Sept. 2010.
Friedli, T. (2005). *Technologiemanagement: Modelle zur Sicherung der Wettbewerbsfähigkeit*. Berlin: Springer.
Gabler Wirtschaftslexikon. (2016). Begriff der Kennzahlen. wirtschaftslexikon.gabler.de/Definition/kennzahlen.html. Zugegriffen: 27. Juli 2016.
Gothelf, J. (2014). Bring agile to the whole organization. https://hbr.org/2014/11/bring-agile-to-the-whole-organization. Zugegriffen: 14. Nov. 2014.
Günzl, R., & Mallmann, C. (2013). Steuerung als Multitasking-Funktion. In R. Königswieser, E. Lang, & U. Königswieser (Hrsg.), *Systemische Unternehmensberatung* (S. 45–56). Stuttgart: Schaffer-Poeschel.
Habermas, J. (1981). *Theorie des kommunikativen Handelns: Bd. 1. Handlungsrationalität und gesellschaftliche Rationalisierung*. Frankfurt a. M.: Suhrkamp.
Hamari, J., Sjöklint, M., & Ukkonen, A. (2016). The sharing economy: Why people participate in collaborative consumption. *Journal of the Association for Information Science and Technology, 67*(9), 247–259.
Hamel, G., & Prahalad, C. (1990). The core competence and the corporation. *Harvard business Review, 68*(3), 79–91.
Hamel, G., & Prahalad, C. (1997). *Wettlauf um die Zukunft. Wie Sie mit bahnbrechenden Strategien die Kontrolle über Ihre Branche gewinnen und die Märkte von morgen schaffen*. Frankfurt a. M.: Ueberreuter Wirtschaft.
Haufe. (2016). Prinzip „Quengelware" kann auch online funktionieren. www.haufe.de/marketing-vertrieb/e-commerce/e-commerce-prinzip-quengelware-funktioniert-auch-online:_128_378236.html. Zugegriffen: 29. Sept. 2016.
Hauschildt, J., Salomo, S., Schultz, C., & Kock, A. (2016). *Innovationsmanagement* (6. Aufl.). München: Vahlen.
Hauser, P., & Brauchlin, E. (2004). *Integriertes management in der praxis. Die umsetzung des St. Galler Erfolgskonzeptes*. Frankfurt a. M.: Campus.
Hax, A., & Majluf, N. (1991). *Strategisches management – Ein integratives konzept aus dem mit*. Frankfurt a. M.: Campus.
Hedley, B. (1977). Strategy and the business portfolio. *Long Range Planning, 10*(1), 9–15.
Heinemann, G. (2008). *Multichannel-Handel. Erfolgsfaktoren und Best Practices* (1. Aufl.). Wiesbaden: Springer Gabler.

Heinemann, G. (2016). Die Mythologie der Digitalisierung – Plädoyer für eine Disruptive Transformation. In G. Heinemann et al. (Hrsg.), *Digitale Transformation oder digitale Disruption im Handel. Vom Point-of-Sale zum Point-of-Decision im Digital Commerce.* Wiesbaden: Springer Gabler.

Heinemann, G., & Gaiser, C. (2016). *SoLoMo – Always on im Handel. Die soziale, lokale und mobile Zukunft des Omnichannel-Shopping* (3. Aufl.). Wiesbaden: Springer Gabler.

Heinen, E. (1966). *Das Zielsystem der Unternehmung: Grundlagen betriebswirtschaftlicher Entscheidungen.* Wiesbaden: Gabler.

Helm, R., Scheunert, U., & Landschulze, S. (2012). Was wissen wir zum (Konsumenten-) Verhalten von Senioren?- Eine alterseffektbasierte Status quo-Literaturbetrachtung des Seniorenmarketing, DBW – Die Betriebswirtschaft, 72(5/12), 427–466.

Henderson, B. (1979). *Henderson on corporate strategy.* New York: Harper Collins.

Hirt, M. (2015). *Management Competence: Die wichtigsten Strategietools für Manager – Mehr Orientierung für den Unternehmenserfolg.* München: Vahlen.

Hoffmeister, F. (2015). Wider die German Angst – Ein Plädoyer für die transatlantische Handels- und Investitionspartnerschaft (TTIP). *Archiv des Völkerrechts, 53*(1), 35–67.

Holt, D. (2004). *How brands become icons: The principles of cultural branding.* Boston: Harvard Business School Press.

Horvath, P. (2012). *Controlling.* München: Vahlen.

Huber, (2016). *Marketing* (3. Aufl.). München: Vahlen.

Inglehart, R. (1977). *The silent revolution: Changing values and political styles among Western publics.* Princeton: Princeton University Press.

Inglehart, R. (1998). *Modernisierung und Postmodernisierung. Kultureller, wirtschaftlicher und politischer Wandel in 43 Gesellschaften.* Frankfurt a. M.: Campus.

Internetworldstats. (2016). Internet usage statistics. The internet big picture. World internet users and 2016 population statistics. www.internetworldstats.com/stats.htm. Zugegriffen: 30. Mai 2016.

Johnson, G., Scholes, K., & Whittington, R. (2011). *Strategisches Management – Eine Einführung: Analyse, Entscheidung, Umsetzung* (9. Aufl.). München: Pearson.

Kaplan, R., & Norton, D. (1996). *The balanced scorecard: Translating strategy into action.* Boston: Harvard Business Press.

Kaplan, R., & Norton, D. (2001). *The strategy focused organization: How balanced scorecard companies thrive in the new business environment.* Boston: Harvard Business Review Press.

Kerth, K., Asum, H., & Stich, V. (2015). *Die besten Strategietools in der Praxis. welche Werkzeuge brauche ich wann? Wie wende ich sie an? Wo liegen die Grenzen?* (6. Aufl.). München: Hanser.

Kingsnorth, S. (2016). *Digital marketing strategy: An integrated approach to online marketing.* London: Kogan Page.

Kirsch, W. (1992). *Kommunikatives Handeln, Autopoiese, Rationalität: Sondierungen zu einer evolutionären Führungslehre.* Herrsching: Barbara Kirsch.

Kirsch, W. (1997). *Wegweiser zur Konstruktion einer evolutionären Theorie der Strategischen Führung* (2. Aufl.). Herrsching: Baraba Kirsch.

Kirsch, W., & Knyphausen-Aufsess, D. zu (1988). Unternehmen und Gesellschaft. Die Standortbestimmung des Unternehmens als Problem eines strategischen Managements. *Die Betriebswirtschaft, 48*(4), 489–507.

Kirsch, W., Esser, W., & Gabele, E. (1979). *Das Management des geplanten Wandels von Organisationen.* Stuttgart: Schäffer-Poeschel.

Klein, A. (2014). *Unternehmenssteuerung mit Kennzahlen. Auswahl, Ermittlung, Analyse, Kommunikation.* Freiburg: Haufe.

Knörle, C. (2011). *Markenloyalität in China. Kulturelle und markenbeziehungstheoretische Determinanten*. Berlin: Logos.

Knop, R. (2007). *Erfolgsfaktoren strategischer Netzwerke kleiner und mittlerer Unternehmen. Ein IT-gestützter Wegweiser zum Kooperationserfolg*. Wiesbaden: Gabler.

Knyphausen-Aufseß, D. zu. (1995). *Theorie der strategischen Unternehmensführung*. Wiesbaden: Gabler.

Koob, C. (2013). Strategisches Management: Die Unternehmensentwicklung marktorientiert gestalten. In P. Niermann & A. Schmutte (Hrsg.), *Exzellente Managemententscheidungen: Methoden, Handlungsempfehlungen, Best Practices* (S. 103–148). Wiesbaden: Springer Gabler.

Kotler, P., Armstrong, G., Wong, V., & Saunders, J. (2011). *Grundlagen des Marketing* (5. Aufl.). München: Pearson.

Krause, J. (2016). *Regulierung von Investitionsprojekten in Russland. Normativ-rechtliche Anforderungen im Anlagenbau*. Wiesbaden: Gabler.

Kreilkamp, E. (1987). *Strategisches Management und Marketing*. Berlin: De Gruyter.

Küpper, H.-U., Friedl, G., & Hofmann, C. (2013). *Controlling. Konzeption, Aufgaben, Instrumente* (6. Aufl.). Stuttgart: Schäffer-Poeschel.

Kuma, N., & Steenkamp, J. (2007). *Private label strategy: How to meet the store challenge*. Cambridge: Harvard Business Press.

Lafley, A. G., & Charan, R. (2008). *The game changer: How every leader can drive everyday innovation*. London: Profile Books.

Machiavelli, N. (1978). *Der Fürst* (6. Aufl., Übers. und Hrsg. Rudolf Zorn). Stuttgart: Kröner.

Manager Magazin. (2012). Zalando zwingt Otto zum Konzernumbau. http://www.manager-magazin.de/unternehmen/handel/a-828719.html. Zugegriffen: 20. Apr. 2012.

Maslow, A. H. (1954). *Motivation and personality*. New York: Harper.

Matje, A. (1996). *Unternehmensleitbilder als Führungsinstrument. Komponenten einer Erfolgreichen Unternehmensidentität*. Wiesbaden: Gabler.

McEwen, A., & Cassimally, H. (2013). *Designing the internet of things*. Chichester: Wiley.

Meffert, H., Burmann, C., & Koers, M. (Hrsg.). (2002). *Markenmanagement: Grundfragen der identitätsorientierten Markenführung*. Wiesbaden: Gabler.

Mende, M. (2006). *Strategische Planung im Beschwerdemanagement*. Wiesbaden: Deutscher Universitäts-Verlag.

Metz, A. (2011). *The social customer: How barnds can use social media to acquire, monetize, and retain fans, friends, and followers*. New York: Mc Graw Hill.

Mintzberg, H. (1978). Patterns of strategy formulation. *Management Science, 24*(9), 934–948.

Mintzberg, H., & Waters, J. A. (1985). Of strategies, deliberate and emergent. *Strategic Management Journal, 6*(3), 257–272.

Moch, S. (2008). *Fernöstliche Kriegsstrategien für westliche Manager*. Hamburg: Igel.

Mortensen, M., Hansen, A., & Ingstrup, M. (2010). Customer attractiveness in supplier relations: A tamed problem? In P. Freytag & K. Philipsen (Hrsg.), *Challenges in relationship marketing* (S. 97–116). Aarhus: Academica.

Müller, R., & Lenz, H. (2013). *Business intelligence*. Berlin: Springer Vieweg.

Müller, S., & Gelbich, K. (2015). *Interkulturelles Marketing* (2. Aufl.). München: Vahlen.

Müller-Stewens, G., & Lechner, C. (2011). *Strategisches Management. Wie strategische Initiativen zum Wandel führen* (4. Aufl.). Stuttgart: Schäffer-Poeschel.

Narayan, S. (2015). *Agile IT organization design: For digital transformation and continuous delivery*. London: Addison Wesley.

Neumann, J. von, & Morgenstern, O. (2007). *Theory of games and economic behaviour* (4. Aufl.). Princeton: Princeton University Press.

Niehues, J. (2015). *Vermögensverteilung und Altersgruppeneffekte: Eine Dekompositionsanalyse.* iwkoeln.de. Zugegriffen: 26. Sept. 2015.

Ochs, A., & Schaper, M. (2005). Konflikt statt Kooperation? Die transatlantischen Umweltbeziehungen. In T. Jäger, A. Höse, & K. Operrmann (Hrsg.), *Transatlantische Beziehungen: Sicherheit, Wirtschaft, Öffentlichkeit* (S. 235–254). Wiesbaden: Verlag für Sozialwissenschaften.

Oetinger, B. (2003). Die Fundamente der Strategie – Carl von Clausewitz' Begriff der Strategie als Maßstab für Unternehmensstrategie. In M. Ringlstetter et al. (Hrsg.), *Perspektiven der Strategischen Unternehmensführung: Theorien – Konzepte – Anwendungen* (S. 3–24). Wiesbaden: Gabler.

Parsons, T. (1977). *Social systems and the evolution of action theory.* New York: Free Press.

Penrose, E. (1959). *The theory of the growth of the firm.* Oxford: Oxford University Press.

Peters, T., & Waterman, R. (1982). *In search of excellence.* New York: Harper.

Peters, T., & Waterman, R. (2003). *Auf der Suche nach Spitzenleistungen. Was man von den bestgeführten US-Unternehmen lernen kann.* Frankfurt a. M.: Redline Wirtschaft.

Picot, A., et al. (2012). *Organisation: Theorie und Praxis aus ökonomischer Sicht* (6. Aufl.). Stuttgart: Schäffer-Poeschel.

Porter, M. E. (1983). *Wettbewerbsstrategie. Methoden zur Analyse von Branchen und Konkurrenten* (1. Aufl.). Frankfurt: Campus.

Porter, M. E. (2013). *Wettbewerbsstrategie. Methoden zur Analyse von Branchen und Konkurrenten* (12. Aufl., Übers. Brandt, V., & Schwoerer, T.). Frankfurt: Campus.

Rapp, M., & Wullenkord, A. (2014). *Unternehmenssteuerung durch den Finanzvorstand (CFO). Praxishandbuch operativer Kernaufgaben* (2. Aufl.). Wiesbaden: Springer Gabler.

Reichheld, F. (2006). *Die ultimative Frage. Mit dem Net Promoter Score zu loyalen Kunden und profitablen Wachstum.* München: Hanser.

Ries, E. (2014). *Lean Start-up. Schnell, risikolos und erfolgreich Unternehmen gründen* (4. Aufl.). München: Redline.

Ringlstetter, M. (1988). *Auf dem Weg zu einem evolutionären Management. Konvergierende Tendenzen in der deutschsprachigen Führungs- und Managementlehre.* München: Barbara Kirsch.

Ritchie, K. (1995). *Marketing to generation X.* New York: Simon Schuster.

Rogers, E. (2003). *Diffusion of innovations* (5. Aufl.). New York: Free Press.

Rössel, J. (2011). Ronald Inglehart. Daten auf der Suche nach einer Theorie – Analyse des weltweiten Wertewandels. In S. Moebius & D. Quadflieg (Hrsg.), *Kultur. Theorien der Gegenwart* (2. Aufl., S. 722–733). Wiesbaden: VS Verlag.

Savigny, E. (1969). *Die Philosophie der normalen Sprache.* Frankfurt: Suhrkamp.

Schäffer, U., Weber, J., & Mahlendorf, M. (2012). *Controlling in Zahlen – Stand und Entwicklung des Controllings in den DACH Staaten – Ergebnisse aus fünf Jahren WHU-Controllerpanel, Studie.* Vallendar: WHU.

Schlippenbach, V., & Pavel, F. (2011). Konzentration im Lebensmitteleinzelhandel: Hersteller sitzen am kürzeren Hebel, *Wochenbericht des DIW Berlin, 13.* www.diw.de/documents/publikationen/73/diw_01.c371070.de/11-13-1.pdf. Zugegriffen: März 2011.

Schmitt, B., & Mangold, M. (2013). *Kundenerlebnis als Wettbewerbsvorteil. Mit Customer Experience Management Marken und Märkte gestalten* (2. Aufl.). Wiesbaden: Gabler.

Schmidt., H. (2015). *Markenführung.* Wiesbaden: Gabler.

Scholl, W. (1992). Informationspathologien. In E. Frese (Hrsg.), *Handwörterbuch der Organisation* (3. Aufl., S. 900–912). Stuttgart: Schäffer-Poeschel.

Schütt, S. (2016). *Neuer Weltbank-Bericht zu Russland: Langer Weg bis hin zur Erholung.* www.ostexperte.de. Zugegriffen: 7. Apr. 2016.

Seidel, H. (2013). *Schrei vor Glück: Zalando oder Shoppen gehen war gestern.* Zürich: Füssli.

Seppelfricke, P. (2012). *Handbuch Aktien- und unternehmensbewertung: Bewertungsverfahren, Unternehmensanalyse, Erfolgsprognose* (4. Aufl.). Stuttgart: Schäffer-Poeschel.
Serfling, K. (1992). *Controlling* (2. Aufl.). Stuttgart: Kohlhammer.
Siegwart, H., Reinecke, S., & Sander, S. (2009). *Kennzahlen für die Unternehmensführung* (7. Aufl.). Bern: Haupt.
Simon, H. (2004). Die unternehmerische Vision – Fixstern auf dem Weg zum Erfolg. In K. Wiedmann, W. Fritz, & B. Abel (Hrsg.), *Management mit Vision und Verantwortung. Eine Herausforderung an Wissenschaft und Praxis* (S. 495–502). Wiesbaden: Gabler.
Simon, H. (2012). *Hidden Champions – Aufbruch nach Globalia: Die Erfolgsstrategien unbekannter Weltmarktführer*. Frankfurt: Campus.
Smith, A. (2007). *The wealth of nations: An inquiry into the nature and causes of the wealth of nations*. Petersfield: Harriman House.
Stahel, A. (2004). *Klassiker der Strategie – Eine Bewertung* (4. Aufl.). Zürich: vdf Hochschulverlag.
Stampfl, N. (2012). Neue Wertschöpfungsoptionen für Unternehmen am Beispiel von Crowdsourcing. In G. Lembke & N. Soyez (Hrsg.), *Digitale Medien im Unternehmen. Perspektiven des betrieblichen Einsatzes von neuen Medien*. Wiesbaden: Springer Gabler.
Statista. (2016). Russland: Wachstum des realen Bruttoinlandsprodukts (BIP) von 2006 bis 2016 (gegenüber dem Vorjahr). www.de.statista.com. Zugegriffen: 20. Sept. 2016.
Stauss, B., & Seidel, W. (2014). *Beschwerdemanagement* (5. Aufl.). München: Hanser.
Stucken, B., & Senff, P. (Hrsg.). (2015). *Compliance Management in China: Praxishandbuch für Manager*. München: Haufe.
Tauber. (2016). EU-Urteil macht Medikamente in Deutschland günstiger …. welt.de. Zugegriffen: 20. Sept. 2016.
Tzu, Sun (1981). *The art of war, with a foreword of James Clavell*. London: Hodder & Stoughton.
Vahs, D. (2015). *Organisation: Ein Lehr- und Managementbuch* (9. Aufl.). Stuttgart: Schäffer-Poeschel.
Vahs, D., & Weiand, A. (2013). *Workbook change management*. Stuttgart: Schäffer-poeschel.
Van den Bergh, J., & Behrer, M. (2016). *How cool brands stay hot: Branding to generations X und Y*. New Delhi: Kogan Page.
Verhoef, P., Kannan, P., & Imman, J. (2015). From multichannel retailing to omnichannel retailing. Introduction to the special issue on multichannel retailing. *Journal of retailing*. www.dx.doi.org/10.1016/j.retai.2015.02.005.
Vollmuth, H. (2007). *Controlling-Instrumente von A-Z. Die wichtigsten Werkzeuge zur Unternehmenssteuerung* (7. Aufl.). München: Haufe.
Walsh, G., Deseniss, A., & Kilian, T. (2009). *Marketing: Eine Einführung auf der Grundlage von Case Studies* (1. Aufl.). Wiesbaden: Springer Gabler.
Wannenwetsch, H. (2014). *Integrierte Materialwirtschaft, Logistik und Beschaffung* (5. Aufl.). Berlin: Springer Vieweg.
Warschun, M. (2016). A.T. Kearney: Social Influencer Marketing boomt – doch wie macht man es richtig. http://www.atkearney.de/documents/856314/9544229/PM+Social+Influencer+Marketing+boomt.pdf/8670b3c8-0bce-44d2-8eae-3adecf8ffc52. Zugegriffen: 31. Sept. 2016.
Waterman, R., Peters, T., & Phillips, J. (1980). Structure is not organization. *Business Horzons, 23*(3), 14–26.
Weber, M. (1972). *Wirtschaft und Gesellschaft. Grundriss der verstehenden Soziologie* (5. Aufl.). Tübingen: Mohr-Siebeck.
Weber, M. (2013). *Die protestantische Ethik und der Geist des Kapitalismus* (4. Aufl.). München: Beck.
Weber, J., & Schäffer, U. (2014). *Einführung in das Controlling*. Stuttgart: Schäffer-Poeschel.

Wecker, G., & Galla, S. (2013). Pflichten der Geschäftsleitung und Aufbau einer Compliance-Organisation. In G. Wecker & B. Ohl (Hrsg.), *Compliance in der Unternehmenspraxis: Grundlagen, Organisation und Umsetzung* (3. Aufl., S. 21–42). Wiesbaden: Springer Gabler.

Wendt, S. (2012). *Strategisches Portfoliomanagement in dynamischen Technologiemärkten: Entwicklung einer Portfolio Management Konzeption für TIME-Unternehmen*. Wiesbaden: Gabler.

Westphal, J. (1991). *Vertikale Wettbewerbsstrategien in der Konsumgüterindustrie*. Wiesbaden: Springer Gabler.

Wiener, N. (1952). *Mensch und Menschmaschine. Kybernetik und Gesellschaft*. Frankfurt a. M.: Alfred Metzner.

Wilensky, H. (1969). *Organizational intelligence: Knowledge and policy in government and industry*. New York: Basic Books.

Zisler, K., Mohr, N., Strahl, A., & Dowling, M. (2016). Chief digital officer: Enabler der Digitalen Transformation. *zfo, 2*(85), 76–83.

The manufacturer's authorised representative in the EU is Springer Nature Customer Service Centre GmbH, Europaplatz 3, 69115 Heidelberg, Germany. If you have any concerns regarding our products, please contact ProductSafety@springernature.com

Printed and bound by CPI Group (UK) Ltd, Croydon, CR0 4YY

23/03/2026

02076400-0019